天津地情资料丛书

天津市地方志编修委员会办公室 编

画说津沽方言

王树明 绘　李子健 文

天津社会科学院 出版社

图书在版编目（ＣＩＰ）数据

画说津沽方言 / 王树明绘;李子健文. -- 天津:
天津社会科学院出版社， 2020.7
（天津地情资料丛书）
ISBN 978-7-5563-0648-0

Ⅰ.①画… Ⅱ.①王… ②李… Ⅲ.①北方方言 —天
津 — 图集 Ⅳ ①H172.1-64

中国版本图书馆 CIP 数据核字（2020）第 134991 号

画说津沽方言
HUASHUO JINGU FANGYAN

出 版 发 行 :	天津社会科学院出版社
出 版 人 :	张博
地 址 :	天津市南开区迎水道 7 号
邮 编 :	300191
电话 / 传真 :	（022）23360165（总编室）
	（022）23075303（发行科）
网 址 :	www.tass-tj.org.cn
印 刷 :	天津海顺印业包装有限公司分公司

开 本 :	787×1092 毫米 1/16
印 张 :	21.5
字 数 :	230 千字
版 次 :	2020 年 7 月第 1 版 2020 年 7 月第 1 次印刷
定 价 :	78.00 元

弁　言

对于城市的概念，遥想它时，首先想到的是它的纬度、温度和标志性的建筑。然而，当走进一座陌生的城市或者某个地方时，感受不同的并非是它的地理方位和城市格局，而是这个地方的口音与风俗。

天津建卫 600 年，地处京畿重地、九河下梢，由初时的军事重镇逐步形成移民与土著相聚的小城。海河两岸，五方杂居，口音不同，风俗各异。随着时间推移，慢慢相互融合，逐渐形成独具特色的城市性格。尤其以"皖音"为基调的语言特质，极为明显的有别于周边的县市乡镇，完全处在方言岛上。在近代，天津曾是被西方列强瓜分之地，海河之滨辟有九国租界。东西方文化的碰撞，使其有包容也有对立，有仰慕更有鄙夷。在如此纷乱的世道中，产生"新语"的频率远远超出其他闭塞的地区。

很早就想写一部有关天津方言、图文并茂的书，机缘巧合，幸遇画家王树明先生。

每每与树明君聊天，是件极开心的事，几句方言俚语即能唤起儿时的诸多回忆，那些逝去的、或者已经鲜为人说的天津老话儿，以及老话儿中的故事，伴着一壶清茶、两杯老酒，便成了我们聊侃中的美味珍馐。

树明君在绘画领域有着极其丰富的经验，而且成就颇丰。他绘制的《画说津沽民俗》《画说津沽洋楼》画集，被录为《地方志资料丛书》，并在美术界受到洋洋之赞，被历史学家罗澍伟先生赞为"天津已经消失和正在消失的历史画卷。"亦如书画家王静老师所言："在树明先生的笔下,将天津的历史画卷变成了永恒"。

客居凡尘一个甲子,虽笔耕有年,写过一些鄙薄之作,渺无大成可言,但独弄文墨已成癖习,戒不掉了。恰遇如我痴者树明君,与之话语投机,志趣相同,聊兴之下一拍即合,与其合作一册《画说津沽方言》,余以为此乃幸事矣。

我们寄情于此书,期冀在历史的长河中去捕捉津沽大地渐远的片影,兼收前尘遗落之残痕,并蓄故里民俗之大成,以之留存乡音。通过书中恍若隔世的画面与细节,透彻深刻的解读与感悟,让读者走近,感受历史的温度,了解这座城市的过往。此著虽管窥,然,观其索引即可见微知著。每一幕都是天津人几百年来生活的凝结与传承,一段段故事宛如一帧帧影片,曾被人们遗忘的古老民风和那乡音旧语,见证了津沽方言的变迁脉络。

窥一树而见全林,观滴水则知沧海。《画说津沽方言》是记史之书、载实之书、启后之书,更是资料之书。编纂此书,以"津话记史"的形式显现世人,来了解天津的历史文化和社会发展,探寻先祖的踪迹,体验人文的厚重。书中每一个方言词汇都是一扇开启的历史小窗,可使天津的民俗文化更加直观完整;每一幅画作即是一个历史再现,见词引画,由画连俗,还原历史本来面目。看似诙谐调侃的语句和简洁生动的画面,承载着古老文化历史变迁的痕迹,传达了天津人从祖辈沿袭下来的顽强不屈和乐观豁达的内质。书中收录的词条与画作,以遵循史实,去伪存真之原则,文化品位与历史韵味并存。

一段文字、一幅画作拼凑不出一个时代的完整画面,但从支离破碎的历史残片中寻找昔日的真相,是我们成书的初衷。细细品读《津沽方言》,神游到逝去的年代,感受先辈的经历过往,或许,那往昔的乡音旧韵会穿越时空,萦耳回荡。

李子健

目录

目录

目录

吃
瓜
落
儿

【吃瓜落儿】 chī guā làor

西姜井王老汉种有几亩瓜田,时到拉秧尚未售罄。

是日清晨,瓜贩张老三套上牛车带二人前来趸瓜,途中遇到邻村名叫渠柳儿的书生去田园赏青,顺便搭车与三人一同行至瓜田。王老汉嗜酒如命,早饭时饮过半坛烧酒,正在看瓜棚中昏昏大睡。老三见呼叫不醒便自行摘瓜,少顷,装满一车。见王老汉仍大酣,老三便扬鞭而去。书生渠柳儿浑然不知,仍在瓜田中的畦埂上来回踱步自语喃喃,背诵着"之乎者也"。日上三竿,渠柳儿觉得口渴,便摘下一个瓜落子(长不大的拉秧瓜)解渴。事有凑巧,此时王老汉醒来,见有人摘瓜,又见瓜畦中只剩瓜秧,便怒气冲冲地与渠柳儿理论起来,二人争执不休,经乡党调停,渠柳儿赔了若干大子儿才算平息纠缠。

事后,渠柳儿怨气满腹,逢人便说:"我乃读书人,非扒瓜之徒,吃个瓜落子却要赔钱,天理何在?"后来人们将无故受到牵连的窝囊事称为"吃瓜落儿",并且责怨有理说不清的人:"你真够渠的。"渠,乃渠柳儿也。

画说津沽方言
《吃瓜落儿》树珉写

3

吃瓜落儿

【罗罗缸】luó luó gāng

此语为"因事而发"的口语概述,形容纠缠不清的麻烦事。

相传旧时在三岔河口有家土杂货栈,经营各种尺码的盛水缸、油坊缸、点卤缸。有一回,东门里的罗麻子杂货店和西门里的罗拐子杂货店都在此栈订了货。按规矩伙计要在缸体上分别写上订货人的名称,可货栈的二掌柜觉得写上"罗麻子""罗拐子"是对客商的不尊重,便知会伙计擦去这辱没的字眼儿,只剩下一个"罗"字。这下麻烦来了,发货人因此发乱了两家所需的型号。次日,两个罗家便找上门来指责货栈胡乱发货,负责发货的伙计一脸委屈,说:"这罗和罗谁能分得清,毛病出在写码儿的人。"写码儿的伙计说自己是按照二掌柜的话做事有何过错? 二掌柜理直气壮地对两家的伙计说道:"我不让写麻子和拐子是对你们东家的尊重。"几方推诿扯皮纠缠不清,东家只得出面打圆场:"你们两家相互调换不就成了,何必为此小事伤了和气。"可是两家罗姓不依不饶,要为这白费力的运输讨个真章儿,最后东家无奈地赔付了运费。

事后老东家怒斥伙计们:"以后做事儿细着点儿! 别再弄出这罗罗分缸理不清的事儿!"此事之后省说成典,便有了"罗罗缸"之说。

画说津沽方言
《罗罗缸》树明写

【黑儿呼】hēir hū

这是一句天津方言，意思是带有吓唬成分的严厉批评与指责。"黑"读儿化音，"黑儿呼"一词为"黑着脸大呼小叫"的省略语，"黑着脸"即是"阴着脸"。用"黑"来形容表情，起源于京剧脸谱中的色彩。在戏剧舞台上，利用脸谱的颜色代表不同类型人物的性格。"白脸"代表奸臣，如曹操和严嵩；又一说法是用于童颜鹤发的老英雄、将官。而黑脸表示直爽、豪放和正派，既表现表情严肃，不苟言笑，如"包公戏"里的包拯，又象征威武有力、粗鲁豪爽，比如《三国演义》里的张飞和《水浒传》中的李逵。天津人常说，两口子训孩子，就得"一个装白脸儿，一个扮黑脸儿"。在这里"白脸儿"指的是巧妙的和颜悦色，而"黑脸儿"，指在孩子面前树立威信，不顾情面厉声斥责的神情与语气，办事说话不留余地，让孩子感觉很难招架的气势。所以，"黑儿呼"多指家长对犯了错的孩子带有吓唬口吻的喧声责骂。

语例1："张三做事丢三落四，对工作极不负责，今天被老板黑儿呼了一通。"

语例2："有话好好说，别总黑儿呼孩子。"

画说津沽方言
《黑儿呼》树明写

【找事由儿】 zhǎo shì yóur

在日本语"工作"一词传入中国之前,老天津人称工作为"事由儿",找工作叫"找事由儿"。例如:"你家二小子找到事由儿了吗?"问的是找到工作了没有。"找事由儿"一词现已不再被人说起,但它却是天津人曾经脱口而出的话。

《掌灯夜话》:"……刘老拴年轻时拉过胶皮,有一年挨了摔,脚腕子便不再利索,动不动就崴脚。胶皮拉不成了,又找不到个事由儿,一家老小吃饭成了问题。刘老拴左思右想,索性就在家门口支起个铁皮桶大炉子,卖起了烤山芋。烤山芋是个摊位固定的买卖,即使顾客稀少也没办法,总不能拉着大炉子走街串巷吆喝着卖,所以,这烤山芋的买卖仍是不够一家人的日常挑费。常言道,'人挪活,树挪死',老刘一拍脑门儿:'何不搬家到个热闹的地方去?'刘老拴卖了房子,在'关上'买了一间'篱笆篓'开始了他的营生,不但卖烤山芋还卖起了糖墩儿。刘老拴把个糖墩儿从选果儿、去核(hú)儿,到串果儿蘸糖,样样精工细做,很快卖出了名气,一句'奏是没有核(hú)儿呀!'竟然成了天津人卖糖墩儿标志性的吆喝。老刘头儿把卖糖墩儿当作他找到的最好的事由儿,卖了一辈子'奏是没有核(hú)儿呀'……"

说段子人的寥寥几句,便概括了旧时代关于穷人"找事由儿"的故事。

画说津派方言
《找事由儿》杨明写

【篱落歪斜】lí luò wāi xié

篱落歪斜,由两个汉语单词组成,本是规范的汉语词汇,只因天津话的口语发音极易读成"离了歪斜",故将其"用白",逐渐成为天津方言。文辞在语言的口口相传中,将规范的汉语词汇"变声、变音"的情况极为常见,经久言说,成为口语习惯后,当以声音还原其字时,往往使"原语"面目全非。

篱落:本指篱笆。篱落歪斜:即篱笆歪歪斜斜,以此形容物品码放、兵马列队不够规范整齐。篱笆与围墙有着相同功能,在"墙"的概念中,是笔直、中正、整整齐齐。而篱笆与之比较则是排列纷乱、参差不齐、东倒西歪,所以,形容"不规则",常用"篱落歪斜",而在天津人的口语中常常说成"离了歪斜",或者"离拉歪斜"。

语例1:"这队伍排得松松垮垮、离了歪斜的,成何体统。"

语例2:"这货物码放得不够规范,篱拉歪斜的存在安全隐患。"

画说津沽方言

《篱落歪斜》榴明画

【玩儿轮子】*wánr lún zi*

　　早先特指推车、赶车、拉车的客货运输业。民间有句俗语："车船店脚牙，无罪也该杀。"意思是说拉车的、行船的、开店的、干脚行的、做牙行的(也有说当衙役的)好人甚少，多是坑蒙拐骗、欺杀恶打之徒。

　　例如：在旧中国，排在"五行"之首的"玩儿轮子"的车夫，为骗取更多车费，经常花言巧语地欺骗外地人，相声段子中的"打桥票"，说的就是拉胶皮的(拉洋车)怎样蒙骗外地客人的一种套路。车夫有时将外地老客儿拉到一处"三面通"的胡同中，佯装自己对此处不熟，面色殷勤地让客人自行进院询问，车夫便趁机将客人的行李拐走，如此劣行在旧时常有发生。另有"嘎杂子"车夫，夏天拉妓女出台，走到繁华之地，玩儿起"大撒把"，因车身前轻后重，把妓女从车斗中向后翻落在地，那妓女在夏天有不穿内裤的习惯，如此的后滚翻，旗袍掀起，白花花的彻底曝光，引起众人的哄笑。那妓女起身后，跺着脚地骂街。车夫假惺惺地赔礼道歉，免了车费才算平息。车夫本是故意所为，少挣一份儿为的是看到那妓女的"西洋景"。

　　所以，久而久之，老百姓便将这"坏门儿行当"的花言巧语之徒、坑蒙拐骗的伎俩和一些耍花招的小人之举统称为"玩儿轮子"。

画说津沽方言
《玩儿轮子》椿明画

橋國萬

012
1020

【挑三伙四】 tiǎo sān huǒ sì

挑:挑拨,挑动。伙:拉拢,伙同。同义"挑事儿",即打一派,拉一派。此类人天性好生事,也有的因嫉妒使然。凡此小人之为从不敢正大光明与人正面冲突,多在背后搬弄是非制造事端,以达到打压对手、孤立对方,满足自我的阴暗心理。"挑三伙四"之人,通常以造谣生事为手段,不惜丑化他人损人利己,习惯用"听说"引出莫须有的下文,歪曲事实,混淆真相;善于阳奉阴违,心口不一;更善于见风使舵,落井下石背后补刀。老辈人常说:"来说是非者,必是是非人。"故此,远离"挑三伙四"之徒即是远离是非的明智选择。

语例1:"那娘们儿,从不起好作用,一贯的挑三伙四,搬口弄舌,唯恐不乱。"

语例2:"一个大老爷们儿,挑三伙四地嚼舌根子,真是男人堆儿找不着,女人堆儿里咔嚓末儿。"

画说津沽方言
《挑三伙四》树仍写

【吃喝嫖赌抽】 chī hē piáo dǔ chōu

此语是对五毒俱全、劣迹缠身者的概括描述。有惑者问："吃喝也算劣迹吗？"其实此处的"吃喝"并非单指花天酒地，大吃大喝，亦指吃黑钱和黑吃黑的贼寇行径。"喝"，非指寻常的喝酒饮茶，而是特指狎妓喝花酒，引申酒后乱性、醉语无德。"抽"则指抽大烟、吸"白面儿"。

旧时，黑道势力猖獗，而且贼寇有大小之分。大贼吃小贼，警察吃"提(dī)溜儿"（专偷钱包的小偷）的事情极为寻常。而"嫖、赌、抽"更是泛滥成灾。高中低档的乐户，明妓暗娼难以言清数量。被称为"彩局、宝局"的大小赌场多如牛毛，抽大烟、吸白面儿、扎吗啡的人更是不计其数。种种丑恶现象，滋扰社会，泛滥成灾。中华人民共和国成立后，首先对"五毒"进行了彻底的清理整顿。截至1952年5月，天津关闭了所有妓院，镇压了罪大恶极的窑主，对妓女实行了新生活教育，使之成为自食其力的劳动者、新女性。一些坑蒙拐骗之徒闻风丧胆，惶惶不可终日，或金盆洗手，或改邪归正，社会空气焕然一新。

语例1："前邻老五不是个好东西，吃喝嫖赌抽，坑蒙拐骗偷，没他不沾的。"

语例2："吃喝嫖赌抽，坑蒙拐骗偷，打骂犟顶横，馋懒奸猾蹭。"

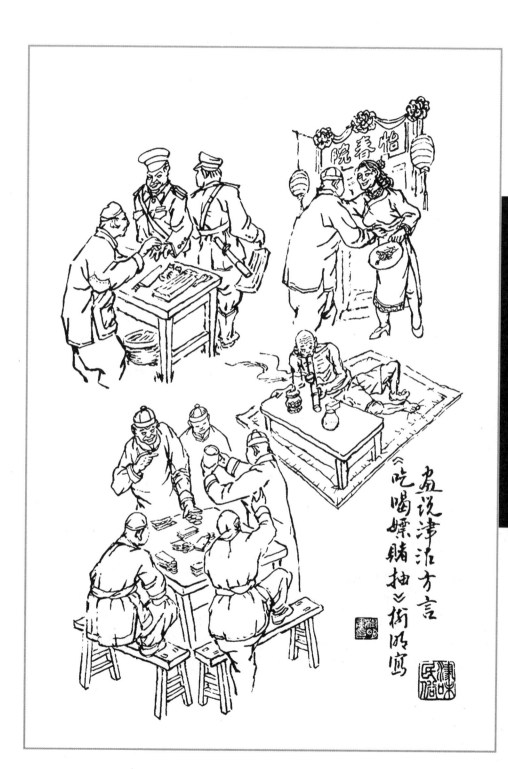

画说津沽方言《吃喝嫖赌抽》衔明写

【耍巴巴儿】shuǎ bā bār

在天津话中指做事带有江湖气,行为鲁莽,敢于耍横的人。对于此类人,北京叫老炮儿,香港叫古惑仔,上海叫小赤佬,天津则叫"耍儿",也称"耍胳膊根儿的",或称"杂八地、混星子",他们常常混迹于黑道。在旧时代,他们属于各地方大小势力头面人物手下所豢养的那些狗腿、帮凶和爪牙。也有刺青纹身、言语粗鲁、敢打敢杀者,但并非江湖老大侠义人物,而是属于"江湖猛子"一类。还有不在帮派的"耍巴巴儿"的人,虽有人生阅历,但仍然处于社会下层,吊儿郎当,不务正业。在天津有句顺口溜:"穷河东,富河西,砸锅卖铁红桥区。南开美,杂河北,漂亮闺女和平追……"道出了昔日人们对天津各个地区的印象。彼时每个区域都会有一群代表性的"玩儿闹",用特有的方式在他们的"小江湖"里描绘出天津卫的市井百态,其社会纷繁也代表着某个时代。但无论如何,"耍巴巴儿"始终都是与文明相悖,与礼教陌路殊途,被斯文端雅所不齿的。

语例 1:"那厮并不好惹,据说也是耍巴巴儿的。"

语例 2:"老七就会在家门口子耍巴巴儿,一出远门儿就叠了。"

【关公调】 guān gōng diào

　　源于"关公戏"的舞台形象,用以形容仗义执言,颇具侠气的人,并形成方言保留在天津人的口语中。

　　关羽,本字长生,又字云长,河东郡解县(今山西运城)人,东汉末年名将,早期跟随刘备辗转各地,传说他过五关斩六将,于白马坡斩杀袁绍大将颜良,与张飞一同被称为"万人敌",后人尊称为关公。民间有文拜孔子、武拜关公之习俗。在中国港澳台地区几乎每家都会供奉关公像。近代以来,越来越多的人把关公作为全能保护神、行业神和财神。义结金兰拜关公;结社举事拜关公;商贾开市拜关公,关公已然被人视为武神、财神及保护商贾之神。后人将关公奉举为"关圣帝君""关帝""关老爷""关二爷"。丹凤眼、卧蚕眉、红脸儿汉子美髯公,关公的正面形象早已植根于人民心中。

　　语例1:"那小伙子,一脸的英雄相,做事儿关公调,十邻八家谁不佩服?"

　　语例2:"就那丝儿里玩意儿,娘们儿秧子,还能做出关公调的事儿?"

　　(注:丝儿里,天津方言,形容男人女里女气,"兔气"轰轰。)

【打茶围】 dǎ chá wéi

旧指邀约朋友到青楼品茶、饮酒,并由妓女作陪,侃天说地、闲聊逗色(sǎi),如此社交方式称为"打茶围"。清《京尘杂录·梦华琐薄》:"入伎馆闲游者曰打茶围。"

自乾隆年间徽班进京,戏曲开始兴盛。当时伶人皆为男性,并无女子,名伶寓所称为"堂子",一些少年弟子在"堂子"内接受教育,学习"唱、念、做、打"。伶人们在演戏之余,时有官宦富贾、文人雅士登门拜访,年轻貌美的弟子便承担起待客的差事。一些熟客常以"堂子"当作友聚之处,三五好友来此品茗侑觞、抽大烟、推牌九,甚至玩狎男优。时称少年男优为"相公",达官贵人、富家翁们来逛相公堂子也称作"打茶围"。

在当时的男权社会里"打茶围"无伤大雅,有时一些商务应酬、打探行情,也会选在青楼伎馆。在幽雅的环境中,打着茶围,与人沟通交流,洽谈商务,别有风雅之趣。早年,天津人邀请朋友去"打茶围",甚至无须避讳夫人,如同现今去茶馆、酒吧、歌厅一样平常,夫人们从不担心招来"外鬼",因为人人都明白,但凡心明脑醒之人,断不会休了贤妻而娶风尘之女。

语例:"四爷!今儿个后晌儿侯家后打个茶围,请您了赏光!"

盖说津沽方言
《打茶围》梅明写

话佳人佳月佳风佳

【便宜就是当】 pián yi jiù shì dàng

　　天津人习惯说话吃字儿，但语意不变。此语是"贪便宜就是上当"的省略语，意思是说看似占了便宜，结果却是上当受骗。爱占便宜的人往往都财迷，这又应了老天津人的那句俗语："大梨赚（zuàn）财迷。"大梨是啥？老天津人有句俏皮话："地球插把儿——大梨"，夸张又贴切地把吹牛皮叫作吹大梨，专指特别能吹牛的人。而这"赚（zuàn）"，在这里就是"骗"的意思，天津方言中"骗人"被说成"赚人"。"便宜就是当"看似一句笑谈，也能给人很多启示。"买的没有卖的精"，骗子自古有之，虽然行骗的方式各有不同，技巧愈发隐秘，但"吹大梨"的行骗定律一直保留着，贪便宜而上当的人也从未消失过。相比于呆板生硬的说教，"老天津话"总能用精炼、诙谐的词句达到寓教于乐的目的。因"当"字前面少了一个"上"字，本是病句，语义不通，但在天津话中却无人错解其义，这就是天津话具有"吃字"的特点，以及诙谐风趣的一面，亦如将"劝业场"说成"劝场""派出所"说成"派所"一样，字虽省略但不变其义。这也是天津方言的魅力所在。

　　语例："贪贱吃穷人，便宜就是当。"

画说津沽方言
《便宜就是当》树明写

【酸儿辣女甜双子】suān ér là nǚ tián shuàng zi

在民间有一种说法:孕妇想吃酸的大多生男孩,喜吃辣的大多生女孩,而垂涎甜的生双胞胎的可能性大,此是流传最广的关于生男生女的预言之一。

"酸儿辣女甜双子",这种自古沿袭下来的说法,老一辈对此深信不疑。在早年间,特别是几代单传的家庭,当婆家听到有喜的儿媳妇喜酸时,都会喜不自胜,盼着"香火"得以延续,对孕妇自然是呵护备至。女人怀孕后,通常在口味上显现出偏好酸或辣或甜等口味的食物,甚至突然想吃些平时并不嗜吃的东西,都属再正常不过的妊娠反应。

在重男轻女的年代,有几句辙韵话也与孕妇的口味有关:1.媳妇吃酸乐半天;2.媳妇吃辣心害怕;3.不吃酸辣爱吃甜,既生女来又生男。虽然以上之说并无科学依据,但是,多少年来人们仍然在孕妇的口味中寄托了期许。

语例:"爱吃酸的好啊! 酸儿辣女甜双子,赶明儿生个白胖子。"

(注释:双子,天津话"双"读四声,"子"读轻声。)

【白帽儿衙门】 bái màor yá men

　　自 1896 年日本侵略者在天津日租界设立警局，到 1945 年抗战胜利，49 年间，日本侵略者对中国人民犯下了滔天罪行。在天津沦陷时期，有两个日本机关最为凶恶，一个是日本宪兵队，一个是日本警察署。宪兵队身着黄色军服，帽子上有一道红箍；而警察署的署员则是着深蓝色警服，硬檐帽上罩有白色帽套。由于白色帽套十分醒目，所以，天津百姓提起警局时蔑称其为"白帽儿衙门"。"白帽儿"在天津话的语境中有如"孝帽子"之意，以此将"白帽儿"作贬义词使用，来发泄对日寇的仇恨。"白帽儿衙门"自成立之日到日本投降，无恶不作，他们可以随时以各种借口逮捕他们认为有嫌疑的人，严刑拷打进步人士，残酷杀害抗日军民，任意勒索百姓商家，并与本地混混儿头子联手贩卖华工，做尽坏事，伤天害理，罪恶累累，馨竹难书。天津人民对日本警察恨之入骨，私下里将警察署贬称为"戴孝帽子报丧门"。有时"白帽儿们"集体出动，老百姓会咬牙切齿，愤愤地说："孝帽子排队，挨着个儿报丧呐！"无不体现出天津百姓对日本鬼子的刻骨仇恨。

　　语例："哪一件伤天害理的事不是他白帽儿衙门干的？"

画说津沽方言
《白帽儿衙门》树明写

抱山芋炉儿

【抱山芋炉儿】bào shān yù lúr

旧时吸食鸦片的人，如果不能横心戒毒，最终都会面无血色，目光呆滞，瘦弱不堪，直至死亡。鸦片，俗称大烟。自唐朝即有番夷将"罂粟膏"（大烟）作为贡品带入中国，时人不以为毒，权当药材和补品使用。直到晚清，英人运来大量鸦片在中国贩售，国人初始不以为害，甚至认为真如洋人所言："长期吸食可延年益寿，强身壮阳。"称鸦片为"福寿膏"，并且以吸食鸦片当作时尚。一些富商巨贾、纨绔子弟，趋之若鹜，争相效仿。各地烟馆如雨后春笋，遍及全国。眼见国民体质日渐衰弱、并且大量白银流出国门，这才引起朝廷恐慌。而烟民精神颓废，麻木不堪，尤其已成瘾者，身陷吸后的"仙境"之中，完全不能自拔，所以官府屡禁不止。烟民由于长期吸毒，不但会丧失先天免疫力，而且还会染上各种疾病。瘾者一旦家财耗尽，病入膏肓，横尸街头时有发生。尤到冬季，那些穷困潦倒，无家可归的"晚期烟民"因天寒地冻，晚上经常抱着路边尚存余温的烤山芋炉取暖，可是到了半夜炉温一旦冷却，吸毒的人便会冻死在炉前。旧时人们称这些败尽家财冻饿而死的吸毒者为"抱山芋炉儿的"。例如："那小子吸毒，毁身败家，早晚抱山芋炉儿去。"

画说津沽方言
《抱山芋炉儿》杨明窝

猴皮筋儿

【猴皮筋儿】hóu pí jīnr

橡皮筋,学名乳胶圈。由英国人在 1845 年发明,最先传入日本,再由日本传入中国。落户天津后却有了一个奇怪的名字——猴皮筋儿。在天津,橡皮筋改称猴皮筋儿,完全是因为一项活泼的儿童运动——跳猴皮筋儿,才把与猴毫不相干的近代物品与"猴"扯上了关系。

天津俗语喜欢把机灵活泼的孩子戏称为"猴儿孩子、猴儿崽子、猴儿蹦子",虽说跳猴皮筋儿多是以女孩子为主的传统游戏,但是像小猴子一样蹦蹦跳跳的小姿态也煞是可爱。所以,将"猴儿孩子们跳皮筋儿"省说成"跳猴皮筋儿"。早些年,在女孩子的书包里,总能拎出一根连成绳状的猴皮筋儿来。皮筋儿被二人牵直固定后,利用皮筋儿的弹性按规定动作来回踏跳,完成者为胜。通常,女孩们会边唱边跳,"……马兰开花二十一,二八二五六,二八二五七,二八二九三十一……"还有"牛儿""蹦空""小蚂蚁儿"等儿歌都是旧时天津女孩儿承载的回忆。伴着节奏,时而编花,时而跳跃、每当把一曲歌谣顺利跳完之后,猴皮筋儿就要高出一截,从脚腕到膝盖,直到最后抬臂举起。女孩们凭借特有的柔韧度,随着猴皮筋儿渐渐升高跳出各种高难动作。

画说津沽方言
《猴皮筋儿》榴明窝

【拢头】lǒng tóu

天津人管梳理头发叫做拢头，管梳子叫做拢子·。

老年间，在男人梳大辫子的年代，拢头多指男性，而女性则称梳头、梳妆。清晨起床后，男人要将散乱的发辫重新梳理，首先是双手五指分开成叉状，将长发聚拢在脑后，用手指粗通，这个过程叫拢头。然后用拢子细通，再将长发分成三股编成发辫，讲究人会在辫梢系上"穗子"，很是帅气。"拢头"也并非天津土语，早在旧文中即已出现，如"揽镜拢头"意思是照着镜子梳理头发。又如明朝叶宪祖在《鸾鎞记·仗侠》中的文字："这对碧玉鸾鎞，原是奴家聘物，今送与妹妹，以为拢头之用。"此中女人梳头亦说成拢头。

因"拢"用手，而"梳"有木。虽然拢头一词近乎土语，但从字形语义而言，"拢头"更为准确，并且贴近生活，所以，天津人至今仍然将梳头说成拢头，尤其男性一定是说拢头，而非梳头。

【好事棚】 hǎo shì péng

　　早年，在老城里靠近西北城角的地方有座城隍庙。每年四月份的庙会人山人海，万人空巷，俗称"赶大庙"。一到此时，金评彩挂、五行八作都来凑个热闹，艺人和商贩们也是为了借机在此挣到银子。庙会的重头戏就是唱大戏，唱戏明明是给人听，说辞却是"且借俳优表寸心"，意思是说："借以演戏的方式向神灵仙家表达感恩之情"。除唱戏之外，还有一项重要的公益活动，即在戏台边侧搭起"好事棚"。硕大的席棚里周围挂满二十四孝图和阴曹地府十八图，以此"画说因果"，告诫人们百善孝当先，要弃恶扬善，非礼勿为。"好事棚"里摆满各大买卖家的好东西，花梨紫檀的桌案上有各种各样色彩缤纷的大蜜供，亦有珍奇异宝，东西洋货更是不在话下。琳琅满目的宝贝，在向游人展示的同时也满足了各位财东的斗富心理，但其说辞绝不是为了斗富、显摆，而是富而好礼、虔心敬神。

　　在之后，人们便以"好事棚"的奢华程度，来论谁是天津卫的豪门巨富、真正的大家阔主儿。

　　例如："别在这儿摆阔，趁钱搭好事棚去。"

尽收净沽方言
《好事棚》树明写

【四六风】sì liù fēng

新生儿脐带感染，即破伤风，也称"脐风"。旧时医疗卫生条件很差，孕妇多在自家由接生婆助产，接生婆并非专业产科大夫，而是靠经验接生的产婆。接生时，所需剪断婴儿脐带的剪刀有时高温消毒不够彻底，或者在剪脐带时带进了脏物，甚至一些贫苦的百姓人家，没有充足的生产所需的棉布，便弄来沙土在铁锅中翻炒干燥，然后铺撒在炕席上，以便让产妇在沙土上生产。由于沙土在锅中高温灭菌不够彻底，所以经常造成婴儿脐带感染，即"脐风"。脐风的死亡率极高，一般婴儿在出生后四至六天内死亡。初发病时称"起风"，对死因定性时才称"四六风"。也有在出生后第七日因为感染而致婴儿夭折的，所以也称"七日风"。旧时，婴儿一旦起风，或是接生时胎位异常，接生婆往往束手无策，但凡此时，只有信天由命，祷告神灵，或者以"是儿不死，是财不散"来安抚产妇一家老小。

语例："黑子家三辈儿单传，好不容易添个小子，四六风糟践了。"

画说津沽方言
《四六风》树明写

【进去了】 jìn qù le

进去了,在天津话中是句隐语。进去了,进哪儿去了?派所儿?号儿里?还是大狱?一切都有可能,语境决定着语意。"进去了",并没说明进到哪里。如果进的是"高大上"的圈子,必然是全须全影儿地道来,绝不会使用这没头没尾的省略语。天津话懂得隐恶扬善,更会避凶趋吉。所以,天津话无论怎样"吃字垫字"、怎样"语句倒装"、怎样"齿音懒舌",也影响不了天津人之间的来言去语、畅然谈叙。甚至在一些省略语中还能造出几分幽默与滑稽。即使言者囫囵吞枣,说的都是"半夜喝面汤"的话,闻者亦能心领神会,明白那"忽必烈"的话是个嘛意思,准确地说,"忽必烈"后还有一个烈字。天津话真正的幽默不仅是声调与用词儿,更在于俗事儿雅说、荤闷儿素猜,码头上不光是赤胸裸背的大嗓门儿,静下心来听,你还会听到《渔舟唱晚》,还有那绕梁三日的《丑末寅初》。这,抑或是津沽方言眼儿中大雅的魅力所在。

一句"进去了",或是惋惜、或是庆幸,被惋惜的人必是"进去"之前不曾作恶。相反,屡教不改的进去了,人们庆幸的是"这门口儿终于消停了"。这就是天津话。

【进财水】jìn cái shuǐ

在天津汉族人中流行的岁时旧俗,亦称"接财水"。旧时,远离水源的住户,生活用水全靠水夫来挑,逐门逐户送水上门。因水夫与主顾们常年打头碰脸,所以无客不熟。一些主顾招呼水夫为某某水官儿,水夫会憨憨一笑欣然答应。

每到大年正月初二,家家户户遵照习俗要进财水。天刚破晓,即有水官儿挑着水筲前来送水。与往日不同的是,此时水官儿的扁担两端各系着几捆儿柴火,柴火由尺长的"麻杆儿"或是"苇杆儿"用红线捆成手腕儿粗细,一捆捆儿悬挂在扁担两端,悠悠荡荡很是亮眼。水官儿刚进院门便会高门儿大嗓地招呼:"送柴(财)水……"。此时,等着接财水的人们急忙出屋,一边道着辛苦,一边接过一小捆儿柴火和水筲,称其为"接柴(财)水",同时主家将一把零钱(超过平时水费的几倍)塞到水官儿手中,算作新年打赏。尤其在大杂院儿中,无论谁家先后"接财",大家都会异口同声:"接财(柴)水喽……"以此讨个好口彩,图个大吉大利。

画说津沽方言
《进财水》桷的寫

【开脸】kāi liǎn

　　开脸，即"开面"，也称"绞脸、绞面"，是中国古代女子出嫁时的一种净面美容方法。

　　旧时婚俗，要由"全科人"的巧手妇女为新娘开脸，时称此职为开脸婆。开脸程序并不复杂，先在面部涂上一层香粉，然后将三股拧成麻花的丝线，搿成丁字型，两手各拉一端，另一端用牙齿咬着，双手配合松紧，拉动丝线，以滚动的麻花丝线将新娘脸上的汗毛绞掉。之后，开脸婆还要为新娘剪齐额发和双鬓，然后净面施粉、细心画眉，巧点朱唇。待全部程序完成后，主家要给开脸婆封红包打赏。开脸不仅是为了新娘面部光鲜靓丽，同时也是婚俗中的一项重要仪式，并以开脸来区别未婚姑娘。有的地区，女子一生只能开脸一次，但中原女子婚后可以随意开脸绞面，所以开脸习俗因地而异，各有不同。过去人们戏称未婚姑娘为"黄毛丫头"，时至今日仍然有此之说，就是因为未婚姑娘不开脸绞面，所以脸上会有一层绒状汗毛，俗称胎毛，呈黄褐色，故有"黄毛"之说。

　　自从旧俗衰落，新风兴起，女性美容与时俱进，新的美容方法层出不穷，古老的开脸美容法也随之淡出视野，逐渐消失，成为了女性美容的历史遗迹。

画说津沽方言
《開脸》楊明寫

【看玩意儿】 *kàn wán yìr*

也作"看玩艺儿"，旧指观赏什样杂耍。什样杂耍是曲艺杂技的合称，包括相声、大鼓、评书、双簧、魔术、戏法、口技、杂技、木偶、猴戏等等。简说为"说、学、逗、唱、练；吹、打、拉、弹、变。"如此什样，玩意儿尽在其中。

旧时天津市民看玩意儿的地方一般都在南市、鸟市及老地道外。有计时收费，俗称"打零钱"；亦有君子看赏，赏多赏少全凭看客心情。在相声界里有句行话："平地抠饼，对面拿贼"。"平地抠饼"指的是撂地演出的相声演员，用白沙在地上画个圆圈，行话叫"画锅"，演员站在圆圈里表演，管这白沙画的圈儿叫"饼"。在平地上能抠出饼来，指的是演员们挣饭吃的能耐。"对面拿贼"指的是观众看演员有没有真玩意儿，如同审贼一般，没点儿真玩意儿过不了观众的关。所以，玩意儿一个比一个精彩和惊险，全凭艺人的真功夫。一般胆小的妇女和心脏病者最怕观看杂技中的"上刀山"。艺人要空手赤脚攀上横满利刃的几丈高的云梯，在云梯顶端的横杆上表演出各种惊险招式，为使节目惊心动魄，艺人会故意表演"晃托"，即险些失手。每到此时观众无不攥拳惊呼，吓煞人也。

语例："今儿个闲了，上鸟市儿转转，看看玩意儿。"

盘说津沽方言
《看玩意儿》树伦窗

赶门儿

【赶门儿】 gǎn ménr

旧指乞丐逐户讨要的行为。

过去天津居民多数生活在大杂院中，姓氏庞杂、口音不同、性情各异、人品参差。遇到乞丐进院讨饭，小善而为者有之，视若无睹者亦有之。善面佛心的人会闻声送出半个馒头，乞丐千恩万谢后去赶下一个门儿。也有吝啬人家，无论乞丐怎样哀求，一味装聋作哑置之不理，乞丐哀求的时间长了，那装聋的人会隔门大声喝道："没有！赶门儿去吧！"乞丐无可奈何，只好去赶下一个门儿。尤其到了冬天，衣单腹空的年老乞丐步履蹒跚地进到院来，为口干粮"大爷！大奶奶！"地叫个不停，其情其景十分凄惨。有时幸遇小富而善的人家，主人会出屋知会老乞丐稍等，片刻间主人端出一碗热气腾腾的面汤（汤面），一边询问着老乞丐哪里人氏，灾情如何？一边看着老乞丐喝光面汤。主人接过碗，又塞给乞丐一个馒头，此时的老乞丐已是泪眼婆娑，哽咽在喉，双手作揖不停道谢："好人啊！俺真是遇到菩萨了……"

老乞丐出了院门，为了家人的口食，在寒风中去赶下一个门儿……

【比坑儿有灾】 *bǐ kēngr yǒu zāi*

比坑儿，在天津老年人眼中，是极为龌龊的手势动作。为何"比坑儿有灾"，其因鲜有人说，于此，为明辨个中道理，俗事雅说如下：

旧时乐户有明妓暗娼之分。明妓，即认捐纳税的妓女，暗娼则是无牌无照、无固定场所的流莺。暗娼欲寻嫖客总不便直言告白，何种方式才能觅得嫖客？这陋劣的"比坑儿"便是勾引嫖客的手势买卖。暗娼食指对食指，拇指对拇指，以虎口之间的空洞来暗示私处，招徕好色之徒，引客春宵，并掏光嫖客的银子，便是这"比坑儿"勾当的本意。老年间，凡于僻静之处或是晚间路灯下有女子向男人做比坑儿手势，此女必是暗娼，嫖客见状，如若接受，以回应响指为令，然后跟随暗娼一起到娼寮苟合。

多年来，长辈人不便向晚辈言明此理，故以"有灾"之说，来制止比坑儿。其娼其比，如此是也。

画说津沽方言
《比坑儿有灾》
树明写

【二小儿】 èr xiǎor

"二小儿"并非人名,而是一种行当。旧时,成年人亡故,必有孝子打幡儿。按老年间的丧礼规矩,孝仪之事女儿不能代替,但无子人家没有男儿顶丧驾裣,即使家财万贯也是无可奈何。此间,"二小儿"的行当便应时而生。那些富裕的丧家,会通过"杠房"或者"锅伙儿"高价雇来一位花子充当亡人的儿子,重孝加身,打幡儿摔瓦,哭爹哭娘,俨如亲子一般。时人称这假孝子为"二小儿"。

20世纪60年代初,在天津河西有一户人家,其姓氏不详,据说是日籍华侨,有两儿一女。女儿患有先天性心脏病,30岁左右病故,终身未嫁。出殡时有邻人提议可以不用棺材,而用白绫花轿发表,但要找孝子打幡儿。主家便按照邻人建议,在哈密桥墙子河边的一个棺材铺订做了一顶白绫轿子,又找来一贫家小孩儿冒充其子打幡儿出殡,这小孩儿即是天津人说的"二小儿"。

"二小儿"冠以"二"字是为避讳雇主绝户,隐喻亡人长子没在身边,或因健康状况不便打幡儿,而由二小子替长兄行孝。这"二小子"是天津人对次子的口语称谓,而"次"字,在天津话的语境中多是不上档次的意思,所以"二"也就有了同样的语境。以"二小儿"作为奚落、戏谑、调侃用语,也正是因为"二小儿"卑微的行当。

盏说津沽方言
《二小儿》杨明写

【窝囊肺】wō nang fèi

也作"窝囊废"。形容胆小怕事,怯懦无能,遭受冤屈不敢伸张,遇事逆来顺受,苟且偷生,没有丝毫反抗精神。凡此,被责怨窝囊,鄙称"窝囊肺"。肺:人之脏器,与心、肝、脾、肾合称五脏,唯肺脏没有痛觉神经,即使肺有恶疾,仍不觉痛。怯懦之人秉性如肺,遭受欺凌不敢作色,忍辱偷生渺无愤然,仿佛如肺一般没有痛觉,窝窝囊囊甘蒙冤苦。因此,"窝囊"后缀"肺"字,不仅加重了语气,而且使词语变得更加生动,也是对"窝囊"至极的形象描述。

语例1:老舍《赵子曰》:"可是,人人要用赵子曰式的笑脸对待他,还许是'窝囊肺''死鱼头'一类的恶名造成之因呢!"

语例2:"她家男人做不了主,家里家外的窝囊肺。"

画说津沽方言
《窝囊肺》杨明写

【窝儿里反】wōer lǐ fǎn

窝儿里反也称窝儿里斗,即同室操戈,实质"内斗"。津人有俗语:"耗子扛枪窝里横。"将擅搞内斗者以耗子形容,足以说明"窝儿里反者"行径卑劣,不齿于人。

纵观历史,朝廷官府争权夺势而生内斗、贼人团伙分赃不均而发内讧;小到家庭不和、亲人反目,大到军队官兵相怨,离心离德,咸为"窝儿里反""窝儿里斗"的具体表现,被世人鄙视。太过于追求私利的得失,势必就会产生窝儿里反。历史故事里,有名的窝儿里反,如"西晋八王之乱、秦廷内讧、九世之乱"等,无一不是几败俱伤。"窝儿里反"的成因大都是过分强调了竞争与私利,而"窝儿里反"这种负面因素的存在,也多以祸端和失败告终。清人恽敬在《李氏三忠事迹书后》中有云:"吴楚之党内讧,黔粤之师外溃。"所言即是因内斗而外溃的典型例子。只有肝胆相照,同舟共济,才能攻无不破战无不胜。然,各行其是,心怀鬼胎,背弃君子之德,必然溃乱自伤。故,窝儿里反者,不在"颛臾",而在萧墙之内也。

语例:"有个抢劫团伙因为分赃不均窝儿里反了,结果被警方连锅儿端。"

画说津沽方言
《窝儿里反》
树明写

【唱对台戏】 chàng duì tái xì

　　在两个相邻的戏台上,以对垒的形式,同时各自演戏,双方全凭赢得观众数量的多少来比出水平的高低,时称此种演出形式叫作"唱对台戏"。而今"唱对台戏"的意思是:故意和对方对着干、在意图上不配合并与之相反而为,或者在某种事务上与之竞争。语例:"这人没安好心,故意和我们唱对台戏"。

　　在过去,逢年过节,由官绅出资,在街口搭上戏台,请来戏班唱戏。有时为了满足更多人的观看,增大演出效果,主办方会搭起两个戏台,同时请来两套班子演戏,以此让双方竞争,看谁的台前观众多谁为胜,如此的"对台戏",水平优劣当场即见分明。胜方可多拿赏银,自然欢喜。而败的一方虽有赏银,但在心情上必是垂头丧气。时有大户人家办红白喜事,也会如法炮制。尤其办丧事,主家请来两个唢呐班子对吹,双方为了一争高低,八仙过海,各显其能,都会拿出看家本领争夺观众。常言说"饱吹饿唱",在开饭之前,年轻的吹鼓手肚腹已空,此时主家会让一小童端来一竹浅子生鸡蛋,一个个打在碗中,那吹鼓手端起碗来一饮而尽,然后吹得愈发卖力。双方谁都不甘示弱,站在板凳上的仰天唢呐,就是因为这"对台戏"的形式才让年轻的后生如此卖命狂吹。

画说津沽方言
《唱对台戏》杨川写

【两掺儿话】liǎng chānr huà

即两种语言混合使用。早年,天津是座有九国租界的城市,各国语言噪聒于耳,中国人在此环境中也自然学会一些常用外语,但在交流中遇到生僻词句往往要加入汉语才能表达,即"两掺儿话"。语言中外混合,总不免会闹出许多笑话。

天津当年的旭街属日本租界。一日雨后,街心有片积水,天立木厂的小徒弟外出送活儿经过此处,他要绕过水洼从日本人家门前经过。这时,一只看门狗从院中窜出,冲着小徒弟一阵狂吠。小徒弟抄起砖头向狗扔去,顿时狗声聒耳引出了一位身穿和服的日本男人。小徒弟见状赶忙向日本人解释打狗原因,说的就是中日两掺儿话。小徒弟指水拍胸,手舞足蹈地说道:"臭水迷子洼,苦力欧雷娃,一努汪汪叫,我三宾地给它。"话音刚落,把个日本人笑得前仰后合,说道:"你这日中混合语,让我这中国通也自愧不如啊!哈哈哈哈!"日本人没有责难小徒弟,大笑着带狗进了院子。

两掺儿话:臭水迷子洼,苦力欧雷娃,一努汪汪叫,我三宾地给它。

译意:这里有一片臭水洼,(我想绕过去)。我是一名苦力,你的狗冲我狂吠,所以我打了它。

注:括号中为日语发音。(迷子):水。(欧雷娃):俺。(一努):狗。(宾):打。

画记津沽方言
《两掺儿話》树明写

仁丹

【发疟子】fā yào zi

疟子,即"疟疾",俗称"打摆子"。疟疾导致高烧,发病时,身体忽冷忽热,热时大汗淋漓,抱冰卧雪而不觉冷;冷时瑟瑟发抖,炎阳握火而不觉热。在医疗条件非常落后的年代,夏秋交际,发疟子是一种普遍现象。都知道"秋后的蚊子——死叮",那时候,人们不懂得发疟子是寄生在体内的疟原虫作怪,也不知道发疟子是由蚊子的传染而起,只能理解成是鬼附体造成的。人们对鬼历来恐惧却无可奈何,无论治疗或自愈都需要些时日,大部分人只能干熬着。熬上七八天,等到把鬼熬烦了,就转移了。疟子鬼一走,病也就好了。《水浒传》有描写武松在柴进庄害疟疾的情形:"八尺大汉挡不住寒冷",可见疟疾之凶戾。早年医学落后,患疟疾者常常命悬一线。如今医疗水平大大提高,发疟子已不多见,即使偶有发病者也会很快治愈。但在津沽方言中至今还保留着"发疟子"一词,以之形容接人待客忽冷忽热,朋友之交喜怒无常。诙谐的天津人还有一句歇后语:"啄木鸟发疟子,身软嘴硬。"可以看出发疟子这种疾病在人们心里的印象是多么身软无力,岌岌可危。

语例1:"这人办事太不靠谱,跟发疟子似的一会儿一变。"

语例2:"你别老发疟子,说话有点准稿儿。"

画说津沽方言

《发疟子》树明写

【拉破头】lá pò tóu

指早期行乞于乡村的无赖。每到麦收之际，常会有一些乞丐三五一伙到麦场讨要麦子。胆小怕事的农家，知是"拉破头"来了，会主动施舍一升两升。乞丐们得了麦子后，翻跟头、打飞脚，表演一番，算是对农家的还礼。盗亦有道，乞也有规，凡遇善主，乞丐们按规矩行事，不会贪得无厌为难农家，一伙儿人拎起口袋、念着喜歌，高高兴兴地去赶下一家麦场。

有的时候，乞丐们也会遇到一些不谙事理的农家，喜歌念了半天，一升麦子也没讨到。这时，乞丐们就会躺在地下撒泼，呼天喊地耍起无赖："老天爷呀！不让咱活啦，咱就死这儿吧……"然后拿出一片锋利的碗碴儿，在自己头顶上左划右拉，把头皮拉破，两手捂着头顶向下一抹，弄得满脸血迹斑斑，很是吓人。一般这时农家就会妥协，只想赶快给他两升麦子打发走吧。可是晚了，见了血，没有一斗两斗摆不平拉破头们。没办法，遇到拿命要赖的，也只好破财免灾了。

拉破头们并不谋财害命，只是用自残的方式给人造成恐惧，或是唤起同情，来讨得吃喝穿戴。后来进入城市行乞，拉破头们故技重演，用各种方式的自残来讹诈本分的商家，但无论如何变化手段，人们始终称此类泼皮为"拉破头"。

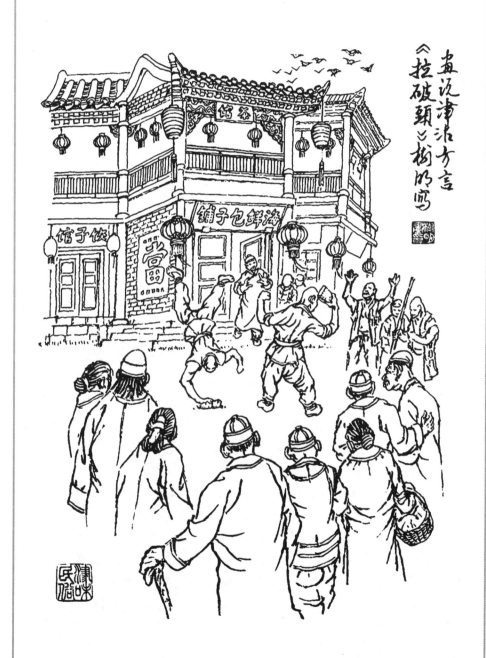

画汲津沽方言
《拉破颈》构吗吗

捡洋落儿

【捡洋落儿】 jiǎn yáng làor

在旧时,捡到外国人的遗弃物,或者以极低的价格买到洋人的物品,天津话称之为"捡洋落儿"。

"捡洋落儿"与物品产地无关,并非一定是洋货。当年英法联军火烧圆明园,同时哄抢了大量皇家珍宝,一些不便携带的笨重物品,或者洋人认为是低价值的东西便随手丢弃,被国人捡到后仍称"捡洋落儿"。十月革命后,大批俄罗斯贵族逃亡中国,俄人来津后语言不通,又无适应本地所需的技能,为了生存,便将随身带来的物品贱价出售,凡买到便宜货的国人称此为"捡洋落儿"。天津沦陷前夕,消息灵通的洋人开始出售家庭物品,以便轻装逃离兵乱,一些不知大祸即临的市民,却乐滋滋地到租界里"捡洋落儿"。1945 年抗战胜利,一些在华的日本女人没能及时撤离回国,后因生活所迫,大多嫁给了中国贫民,时人称此娶妻亦为"捡洋落儿"。从物到人,广泛之"捡",皆因捡着便宜,后泛指得到意外的财物与好处。

语例:《掌灯夜话》:"……她的日语说得地道,就是因为她老爹当年'捡洋落儿'时捡了个日本女人当媳妇儿,所以,她有亲妈当老师,口语水平自然高于同学。"又例:"老太太抱起刚出满月的'四辈儿',跟捡着洋落儿似的,乐得合不拢嘴。"

画说津沽方言
《捡洋落儿》树明写

【撅秤】 juē chèng

因商贩缺斤短两,被愤怒的顾客撅断秤杆儿,以此教训奸商,叫撅秤。另外,商贩给顾客小分量也叫撅秤。从前,秤是小两秤,十六两一斤,每个秤星都有说道,分别是北斗七星,南斗六星,福、禄、寿各占一星,撅秤一两少一星,少福星多苦;少禄星多贫;少寿星多病。先祖以此告诫人们,秤星是人心也是"因果录"。老年间,在庙会的"好事棚"中,都会挂着警示商人的看图说话:"一个青面獠牙的勾死鬼用秤钩子勾住黑心商贩的心脏,将其勾入地狱,施以刀锯分身之刑。"画面极其恐怖。

奸商给了顾客小分量叫"撅秤",旧时还有"反撅秤"。据说民国时期在西道弯子有位变戏法的"神手儿",每次买东西都能占到便宜。这"神手儿"一旦瞄上小贩,他会装着左挑右选,趁其不备将捂在两指间的泥丸儿迅速粘在秤砣下,秤砣增重一钱,商品就要增加一斤,他会根据秤的大小粘不同重量的泥丸儿,如此"反撅秤"从未失手过。虽然占尽便宜,却终生贫穷,富贵无望。这或许就是那好事棚的图画和秤星的谶语,善恶皆有因果。

语例1:"你做买卖怎么不规矩?三斤土豆还撅秤?"

语例2:"老五给人家小分量,今天让人撅秤了。"

画说津沽方言
《撅秤》杨明写

【蹾签子】dūn qiān zi

即是抽签儿,也叫抽彩,旧时代的一种带有赌博性质的售卖方式。老年间,天津有很多行当的小贩,卖货并不直接钱货交易,而是顾客先买签子,如买五只签子就从签筒中抽出五只,若有中签,商品即归买家。直到 20 世纪 50 年代仍有蹾签子卖货的小贩,串胡同兜售货物。最为常见的是蹾签子卖大鱼。每到下午两三点钟,小贩挎着装有两三条大鱼的篮子,怀中抱着一只签筒,口中吆喝着"中签儿白拿鱼!碰碰好运气!蹾签子喽……"这时就会有人拿出一毛钱买上五签博彩。每抽一签之前小贩要上下前后摇晃签筒,即蹾签。顾客搓搓双手,哈上一口"仙气",然后捏住一支签头儿,随着口中"红、红、红!"迅速抽出,以签头儿红黑定输赢,若红即中,若黑自认倒霉。此种贩售方式对于小贩而言,赢的概率很高,远比普通卖货方式赚钱要多。可是,博彩靠运,也有第一个顾客头签即中、连中三签的时候,凡遇此,小贩只好自认倒霉,愿赌服输。

语例:"二哥,门口儿有蹾签子的,咱来两把。"

画说津沽方言
《蹾签子》树旧写

【串皮不入内】chuàn pí bù rù nèi

语出"八行切"中下四门儿的"皮"行。

早年,专门制售假膏药、大力丸的江湖骗子,多以艺人面目出现,撂地表演,蒙骗观众。使活儿的人经常表演气功武术之类,功夫平平,完全靠"纲口"混饭。纲口,指的是能说会道的口才。观众看到关键时刻,使活儿的人反而放下刀枪不演,拿出狗皮膏药,巧舌如簧地向人"观炉啃"(兜售膏药),佯称祖传秘方,根治筋骨疼痛、跌打损伤及一切痛感病症。正宗的膏药可治风湿病、关节炎,以及行经腹痛等症,确有活血止痛、祛风散寒的功效。但是假的狗皮膏药串皮不入内,虽然治不死人,但也治不好病。之后,依此省说成典,以"串皮不入内"比喻表面似乎生效,但不能使其内心有所变化、反应与接受。

语例:"无论如何提醒他改正,他根本不往心里去。原来啥样还啥样,水过地皮湿,串皮不入内。"

画说津沽方言
《串皮不入内》柳明写

【跺脚烂颤】duò jiǎo làn chàn

在津沽方言中"跺脚烂颤"是"某人跺脚四角烂颤"的省说,也叫"跺脚乱颤"。天津老城厢呈矩形,状如算盘,四角建有角楼,亦称箭楼,津话常以四个城角概称全城。所谓"四角烂颤"即全城乱颤,何人能有如此之威?跺脚即能震撼全城?这不过是一句形容词罢了。"跺脚烂颤"是用来形容某人势力强悍,具有极大的影响力,且雄霸一方。在旧天津,不同时期、不同地界,有不同的黑道霸主,如当年的袁文会、刘广海、佟海山、王士海、马金龙等,官方有警察厅长杨以德(杨梆子)都是当时跺脚烂颤的人物。

语例1:"三爷多大势力,一跺脚天津卫四角烂颤。"

语例2:"想当年杨梆子也是跺脚烂颤的人物。"

画说津沽方言
《跺脚烂颤》树明写

吹大梨

【吹大梨】chuī dà lí

吹大梨,俗称吹牛皮,天津人谓之说大话。

早年,有一种吹糖人儿的小生意,把盛着麦芽糖的铜勺放在小炭炉上化成糖稀,用铲刀切下一块儿,团成"长把儿梨"状,用嘴含着"梨把儿"将其吹圆,随即三捏两捏,一只大梨吹成了。"大糖梨"皮薄中空,内无一物,中看不中吃。天津人把口无遮拦、大话连篇、自吹自擂的人称为"大梨"。

天津有句俗语"大梨赚财迷"。对于"大梨"的话不必当真,权当搞笑段子来听。尤其酒后,砂锅摊儿的老板要求结账时,大梨说:"过几天开大奔给你送两箱茅台来。"听此话不必当真,请他自去把饭费结了,然后再看看他的自行车,问问他兜儿里有没有补车胎的钱。

画说津沽方言
《吹大梨》柳鸣写

御膳楼

【吹牛】chuī niú

相传，某朝有位皇帝微服私访，有太监做随，走街串巷，正言微服私访，实则皇帝老子宫中寡闷，欲寻一番人间烟火。

是日，皇上和太监东街而入西街而出，望见人们围拢一圈，不知在看何物，走近一瞧，原来是一屠夫正在挥刀杀猪。继位的皇帝生于深宫，哪里见过杀猪，觉得稀罕便驻足观看。这时旁边挤进一位黑脸大汉，双手交叉夹于腋下，做"花子抱夹儿"状，一脸不屑，口中念念有词："一个杀猪的有甚可看，刀落猪亡，黄口顽童也能做得。"这时旁边有人搭话："可不要小看杀猪，这是手艺门道，杀猪不能叫杀猪，那叫'亲猪'。那屠夫手中的利刃，叫作'亲猪刀'，亲猪不难，难在于将猪身吹圆。"此时再看屠夫，早己将猪命毙，用亲猪刀在猪腿下部，划开一个血口儿，屠夫鼓起两腮对准血口儿，不大工夫将猪身吹个滚圆，以便滚水煺毛。答话者称赞屠夫："艺高！吹得好！"黑脸大汉甚是不服："这有何难，莫说一只猪，就是一头大牛，俺吹起它来，也不费吹灰之力。"话音未落，已有看客发出笑声："这位老兄，杀猪要吹，为的是便于煺毛，杀牛无需吹的。"皇帝老子与太监也随着笑了起来，便记下了这位能吹牛的黑脸大汉，乃大话人也。（接下篇）

盡說津沽方言
《吹牛》樹朋寫

【吹牛】chuī niú（二）

（接上篇）某日早朝，有地方官员奏报："微臣所为官之地，已连三年大旱绝收，恳请朝廷放粮赈灾。"皇上愠怒自语："哭穷，报忧。"而后又有与旱地相邻的地方官员报之以喜："下官所辖之地，仰皇恩浩荡，风调雨顺，百姓饔飧无忧……"皇上知其两地相连，心想，他那里大旱，你这里就风调雨顺，天下哪有这等怪事？显然，此官是在说大话，报喜不报忧。皇上与身旁太监恰对眼神，同时小声说出："能吹牛的。"君臣会意一笑。阶下朝官有人听到，但不知"吹牛"何意。退朝后官员相问："圣上所言'吹牛'是何意？"竟然无人知晓。"吹牛"一词一时也就成了皇上与太监的"暗语"，专指报喜不报忧等大话连篇的某些官员而言。历史总要揭开真相，时间久了也就无"秘"可言，文武百官尽知其意，吹牛者乃大话人也。之后，"吹牛"一词被各地官员当作时髦语言带出京城，传向东西南北、四面八方。

各地方言有所不同，为使"吹牛"一词更加上口，结合了本地语调，使其抑扬顿挫，便有了之后的"吹牛皮、吹牛腿"。

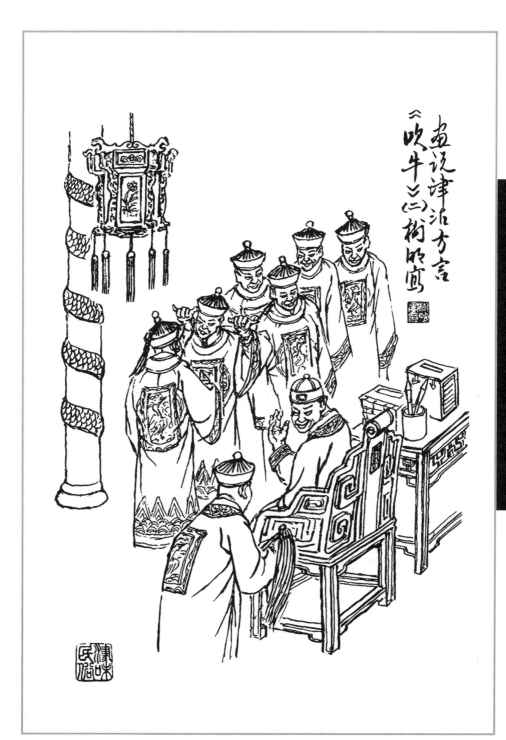

画说津沽方言
《吹牛二》柳明写

81

吹牛（二）

【喝杂银儿】 hē zá yínr

　　天津解放前有专门制作、经营银器的行业,其原料(白银)基本都是从民间"吆喝来的"散碎银器,品相较好的,经银匠师傅修饰后再次出售,品相差的和一些不成器的碎银便融化了当作原料使用。"喝杂银儿"最初指的是走街串巷"喝银儿"的人,后指银器行业,再之后,"喝杂银儿"的人兼收老花瓶、老钟表、古玩玉器之类,与"收老活"的并称"喝杂银儿的"。1954年9月2日,政务院(国务院)通过了《公私合营工业企业暂行条例》。条例规定,对资本主义企业实行公私合营。到了1956年,全国掀起社会主义改造高潮,"喝杂银儿"的作坊和店铺大多合并为集体所有制的工艺品厂,串胡同"喝银儿的"基本都进入委托店成为了店员。

　　岁月匆匆,政俗迁变,"胡同"在人们的视野中慢慢地模糊了,再也看不到"喝杂银儿"的身影,但那此起彼伏的吆喝声,以及纯正的天津话、沙哑而苍凉的嗓音依然回荡在天津人的心中:"有老花瓶老座钟的卖!有旧银器旧锡器的卖!有老怀表老帽镜的卖……"

画说津沽方言
《喝杂银儿》树明写

【卖着吃】mài zhe chī

特指曾经富有的人落魄后的生活方式，也是最不情愿的生存办法。

旧时国运多舛，命途易变，许多达官显贵家道中落，不得不拿出家私"卖着吃"。但毕竟"卖着吃"是件有失脸面的事，所以天津的"卖主儿"经常选在鬼市儿交易，无论所卖之物是否出手，天亮即离，以防遇到熟人，被人视为败家子。纵观历史，"富不过三代"之说时有应验，或因"天灾"、或因"人祸"，其因有别，各有不同。最有名的"卖着吃"当属"铁帽子王"晏森。大清灭亡后，这位从小娇生惯养的王爷瞬间陷入窘境，遣散了家里的奴仆，靠着变卖祖宗传下来的古玩字画过活。之后他竟然卖掉了自己的祖坟，最终沦为车夫，成为世人笑谈。"卖着吃"虽是无奈之举，也是一种生活态度，悲观者，视卖为败，垂头丧气；乐观者，会吟着："五花马，千金裘，呼儿将出换美酒。"一边卖着，一边去寻找保住家当的办法和机遇。

画说津沽方言
《卖着吃》树明写

【杨梅升天】yáng méi shēng tiān

在旧时的天津特指因梅毒"窜"至面部鼻子烂掉的人,称之"杨梅升天"。

梅毒,俗称"杨梅大疮",因疮的外形酷似杨梅,故名。初患病者,皮肤先起红晕,后发斑点,名"杨梅斑";若状如风疹,则名"杨梅疹";若疹粒破烂,肉反突出于外,名"翻花杨梅";若梅毒侵于骨髓、关节,或"流窜"脏腹,统称"杨梅结毒"。旧时患此病者,皆因生活糜烂,频入乐户滥交,发病后医治不及,而造成终身痛苦。民国初期已有专治花柳病的特效药,德国针剂"606",但时常缺货,一针难求,故患者不能得到及时医治,病重者全身溃烂,从头到脚"杨梅翻花",因此引出俗语"头顶生疮,脚底流脓",用以形容"坏透了"的人。

笔者于20世纪70年代末曾向一位"杨梅升天"的老者询问病因,老者一句撒气漏风的话道破了天机:"兄弟,我这是花钱买来的……"

便
宜
柴
火

【便宜柴火】pián yi chái huǒ

　　语出《陈赞求学》之典，比喻容易得到的好处。此语由冀中乡民带入天津，年深日久逐成津沽方言。

　　相传明朝嘉靖年间，陈赞出生在冀中平原某村的一户贫苦人家，父亲以卖豆腐养家糊口，母亲双目失明。陈赞年至九岁尚未入塾，每日下洼拾柴。但其渴望读书识字，所以经常于学堂窗外偷听，后被先生发现，便问陈赞姓字名谁，为何不来学堂念书。陈赞言明家境，称自己必须每日拾柴，以帮父亲做豆腐之用。先生不解："你每日于此，怎会拾到柴火？"陈赞说："有旋风替我旋柴成堆，我只管去收便是。"先生惊呼竟有这等奇事，又问："你于窗外能听会吗？"陈赞答道："能！我能背诵先生所讲一切章句。"先生测试后，更是惊呼神童也。先生惜才，免去了陈赞学银，使之入塾受教。放学之后陈赞如日去收风儿旋成的柴堆，乡人皆说："陈赞捡到的柴火是上天赐给的便宜。"之后便有了"便宜柴火"一说。陈赞学有大成，官至户部尚书，万历九年离世，葬于冀中平原陈家坟，现名陈坟村。

　　语例："他上班刚一年就赶上分房和调资，便宜柴火都让他捡着了。"

画说津沽方言
《便宜柴火》树明写

【走柳儿】zǒu liǔr

　　流行于京津地区的俗语,形容因心情烦躁而徘徊,或刻意展示体态的来回走动,语源"走夫子城",由冀中人带入京津。

　　时在明末清初,冀中平原有一项古老的民俗活动,名曰"走夫子城"。每年麦收之后,女人们梳妆打扮,镜前照花,穿上得意的衣服,前往大庙参加一年一度的麦收祭神。庙前有一片空场,女人们要想进入大庙上香必然经过这片空场。秀才和"管事"们提前用麦麸在空场上画出类似迷宫的行走路线,名曰"画城"。"城"的入口离庙门并不远,但曲折的通行路线,女人们要花上很长时间才能进入庙门。这七拐八转的绕城路线,为的是让女人们慢些进庙,以便让外围的人们欣赏到俏女子的婀娜身姿及艳丽的服饰。害羞的女人为了更快地逃离人们的视线,会踩着碎步快速急行,这恰好展示了女人轻柔如风的动态美感,并赢得"城外"品头论足的阵阵喝彩。此时的女人虽然害羞,但女为悦己者容的心态又无不为之窃窃自喜。一些冰人更是不失时机,她要记下哪位姑娘漂亮、是谁家之女,以便日后保媒拉纤挣到银子。在"走夫子城"的过程中,那些行走起来如风摆柳的美人儿最受男子青睐,秀才和"管事"们赞其为"走柳儿的仙姬"。有的汉子会向冰媒多施银钱,甚至多媒一保,也要娶到那"走柳儿"的美人儿……

画说津沽方言
《走柳儿》杨德写

【吃大轮儿】chī dà lúnr

专指在火车上的盗窃行为。

早年，"吃大轮儿"分为做"厢活"和做"皮活"，做"厢活"的专门在客车上盗窃旅客财物，凭的是佛儿爷手技；做"皮活"指的是在货运列车上盗取煤炭和木材，也包括"闷罐车"的货物，凭的是胆大心细，还要有一双飞毛腿。单说这做"皮活"，民国时期天津最有名的当属活动在小王庄至杨桥一带、京浦线上的"小齐队"。小齐队并非官民组织，而是当地百姓对一帮齐头齐脑的半大小子的戏称。小齐队人数时多时少，多时二三十，少则十二三，都是贫苦人家的孩子。平日里摸鱼钓虾捡破烂，外带碰面酱（碰瓷儿的前身）。人马齐时，布好阵势还会做上几票"皮活"。胆子大、腿功好的扒上火车，迅速将一些大块儿煤抛下车皮，然后跳车逃命决不恋战。小伙伴们拿着土篮子在沿线快速捡煤，凡捡到煤的无论多少，都要分给扒车人一半，这是做"皮活"的规矩。

吃大轮儿不仅飞贼来"吃"，早年铁路内部，司机与外部勾结，针对特定车号进行盗窃，届时放慢速度，以便飞贼上车，得手之后平分赃款、赃物。如此家贼引来外鬼的勾当亦称"吃大轮儿"。"吃"即盗也。

画说津沽方言
《吃大轮儿》树明写

卷铺盖

【卷铺盖】juǎn pū gai

　　旧时在天津卫学徒分为学手艺和学买卖,学工学商各有不同。

　　学手艺最为艰苦,入徒之前要有保人与资方订立契约,中途若弃职不干,将由保人向资方赔偿饭钱或罚米若干。学徒三年,效力一年,期内无任何身价报酬,如有跳井投河,伤亡由命,家属不可纠缠。如此契约对于徒弟而言,"伤亡由命"最为可怕,如言:若被打死打伤皆因"由命",而且资方概不承责。在老年间学手艺挨打挨骂如同家常便饭,但人心思善,坚信"棍棒出真才"的道理,所以很少发生因"伤亡"而经官的讼事。

　　学买卖与学手艺不同。在商务活动中,止欺、止怒,始终是商人的座右铭。止欺,即修正人性的贪欲,要以诚信为本;止怒,即是培育涵养,和气方能生财。商人坚信"心灵"比"手巧"更为重要,也更难做到,如俗语所云:"三年学会手艺,三年学不成买卖。"其言如是,买卖之难也。学习买卖既是修炼心智的过程,也是培养性格的过程,所以东家、掌柜的不会随性动怒打骂徒弟,但是遇有徒弟犯了不可饶恕的错误,掌柜的仍会怒色而言:"卷铺盖走人吧。"因铺盖是徒弟的唯一家当,故"卷铺盖"在津话语义中即是辞退之意。

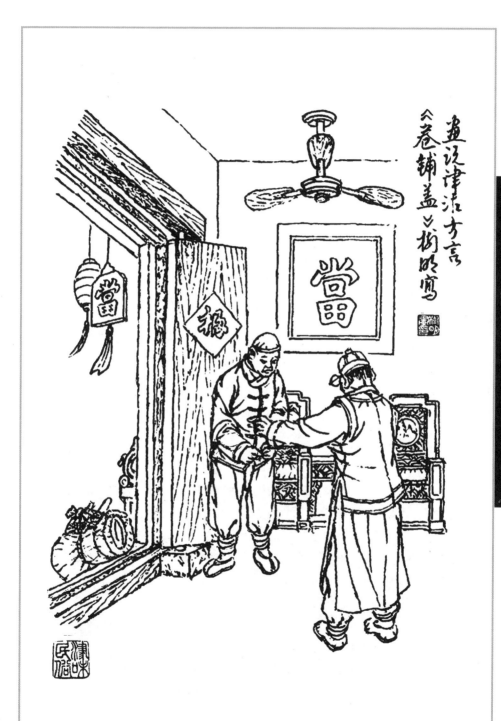

当

福

当

盡汉津流方言
《卷铺盖》构晚窝

【不合爻象】bù hé yáo xiang

不合爻象，在津沽方言中是违背常理、不合套路的意思。"象"读轻声，天津话常把"爻象"读作"爻性"。

"爻象"，本是算卦的术语。爻，《周易》中组成卦的符号，含有交错和变化之意。"爻象"是指《周易》中六爻相交成卦所表示的事物形象和形迹。在占卜者看来，"爻象"就是事物的规律，符合"爻象"的就是符合道理、合乎规范。对于言语不端、行为怪异，或者与人们的认知有差距的事物，则被斥为"不合爻象"。而在天津话中凡称"合爻象"时，大多含有些许嘲讽意味。

语例1："姐夫给小姨子接生，这事儿挺合爻象。"（嘲讽）

语例2："您了穿便服打领带，可真不合爻象。"

画说津沽方言
《不合义象》榭明写

成衣铺

【连三】lián sān

连三,即连三桌子,也称"连三圆"。因在三个抽屉的前脸都镶有圆型铜活,金光醒目,三圆并列,故此得名。但,无论是"连三桌子"还是"连三圆",或是天津话的省说"连三",都是由科举中的"连中三元"而得名。

在古代的科举制度中有三次大考,即乡试、会试、殿试。乡试获头名者称"解元",会试头名称"会元",殿试头名称"状元",三考连中头名者称为"连中三元"。故此,"连三桌子"取其"连中三元"之吉意而得名。"连三"的成器源于翘头供案,最初在案下加装了三个抽屉,置于书房作文柜使用,之后又在下方加装了对开门的柜子,便于存放更多物品。

"连三"由供案演变成器,其供奉功能始终不变。早年最为常见的是一个尺高的牌位,上书"至圣先师孔子之神位",供奉在"连三"的桌面上,也有供奉文殊和普贤两尊菩萨的。连三桌前,学子们上香叩首,虔虔赤子之心,在尊师重道的礼仪中坚定了修身齐家的人生志向。

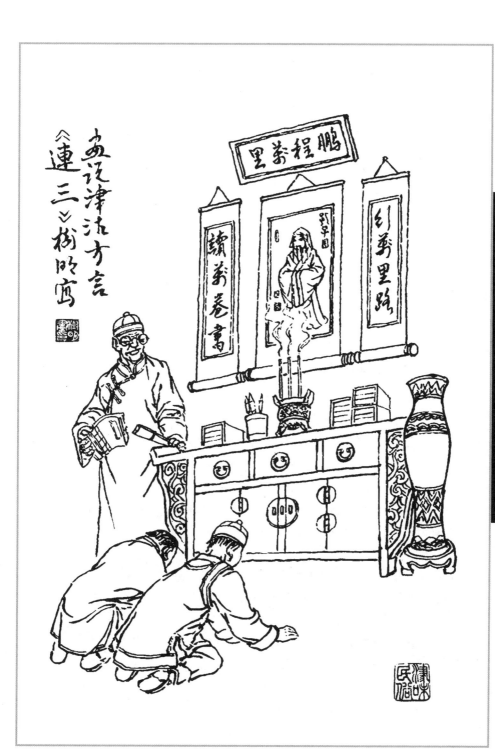

画说津沽方言
《连三》树明写

不识眉眼儿高低

【不识眉眼儿高低】 *bù shí méi yǎnr gāo dī*

　　字面意："看不出眉毛和眼睛哪个位置更高"。在天津方言中专指"没眼眉""没眼力见儿""不觉闷""不识相"的人。此言虽为俗语，但却有典可考："古时有位私塾先生去赴宴，见有个农夫坐在上席，而自己来得稍迟只有下席座位。先生觉得屈居下席有失面子，于是出一上联：'眼珠子，鼻孔子，珠子（朱子）怎在孔子上？'这时农夫应声对曰：'眉先生，须后生，后生确比先生长。'满座人一致称赞农夫下联对得好，羞得这位私塾先生自愧弗如。"后来人们就以"知道眉眼高低"来形容人有眼色，知分寸。曹雪芹《红楼梦》第七十二回："只是跟着奶奶，我们学些眉眼高低，出入上下，大小的事儿，也得见识见识。"

　　语例1："这孩子真机灵，特别会看眉眼儿高低。"

　　语例2："你怎么开会时当着领导说那话，太不识眉眼高低了。"

　　注：孔子、朱子（指朱熹）都是儒家的著名代表人物。但是孔子早于朱子，地位也比朱子高。

【飞眼儿吊棒】 *fēi yǎnr diào bàng*

此语源自东北话"飞眼儿吊棒槌"。

日寇侵华时期，日本商人在东三省开设过一些允许中国人进入的日式男女混合浴池。因国俗不同，民风各异，所以，一些中国男子初涉混浴极其惊愕与兴奋，常会目不转睛地观看日本裸女，此举使日本女人极为尴尬，心生厌烦。之后，为避免非礼盯视，商人便在池中设立了挡板，以此隔开男女，使之分浴。但只有一人高的挡板不能完全挡住窥欲的视线，一些虚怯而又恋色的男子常会踮起脚侧目偷视，此举被时人戏称为"飞眼儿吊棒槌"。"吊棒槌"即"转头"之意，"棒槌"是对人头的鄙称，有形容愚笨之人头脑僵化的俗语为例："榆木疙瘩、棒槌脑袋。"足以佐证"棒槌"即为人头，乃呆笨之人也。再之后，此语口传入津，被天津人说为"飞眼儿吊棒"，并且语义拓展，以之形容"暗送秋波、色眼撩弄、侧目偷窥"等猥琐之举。

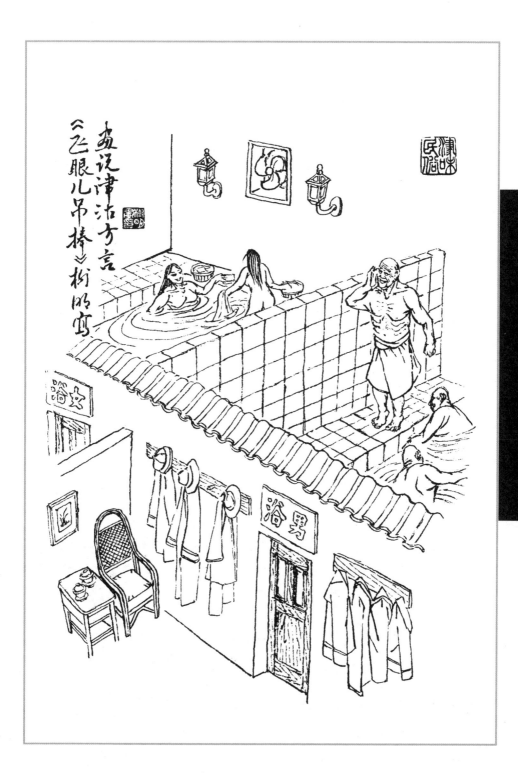

单
挑
儿

【单挑儿】dān tiǎor

"单挑儿"一词非古语变体,实属近代天津方言。用以言称单独
与对手较量的行为,或在某项事物中独撑局面。

语源京戏《挑滑车》:"南宋初年,金兵进犯,岳飞率大军奋力抗
金。金兀术深知岳营兵将骁勇,难以取胜,于是调来铁滑车阻击岳
军冲出山口。高宠,乃岳飞手下一员猛将,力大无比,手握长枪连挑
滑车十一辆,终因坐骑力尽,口吐鲜血,失蹄倒下,把高宠撂翻在
地,被滚滚滑车碾压身亡……"好一出奋不顾命、战死沙场的英雄
大戏,被时人热议空前,齐赞这"只身挑滑车"的英雄壮举。

天津人好戏、懂戏,且戏迷众多,常常把戏曲中的人物、事件、
唱词、念白用于生活之中。所以,便有了"单枪匹马挑滑车"省说的
"单挑儿",其言在津话的语境中尽显孤胆侠风之气。

画说津沽方言
《单挑儿》树明写

洋取星儿

【洋取星儿】yáng qǔ xīngr

早年,对火柴的称呼,先称"洋取星儿""洋取灯儿",后称"洋火儿"。在旧时代的中国,由于处在半殖民地半封建社会的形势下,经济落后,生产力极为低下,很多日用工业品完全依赖进口。商市貌似繁华,但"洋"字商品却充斥着各个商家店铺。

至今人们还能脱口而出的,如:洋面、洋布、洋胰子,洋油、洋车、洋袜子、洋灰、洋火儿、洋炉子,洋蜡、洋伞、洋钉子,洋服、洋号、洋铁壶,洋碱、洋镐、西洋镜等,洋字商品数不胜数。这些舶来品的名称,在老年人的心中是抹不去的记忆,也是国人潜在的伤痛。

"洋"字记录了中国曾经的落后,也镌刻着发展国货的悲壮历史。从一盒火柴都需要进口,到屹立于世界强国之林,中国人经过了百年的不懈努力,终于走出了跌宕起伏的岁月。如今,中国人已然站在了实现千年强国之梦的新的起点。

雜貨舖

洋馬灯
洋油灯
洋捩子
洋煙
洋糖
洋酒
洋布
洋铁盆

洋蜡
洋胰子
洋掃釘
洋火

白酒
洋酒

盡该津沽方言
《洋取星儿》樹明寫

拉胶皮

【拉胶皮】lā jiāo pí

旧指拉人力车。所谓人力车，即两轮东洋车。车的名称在各地有所不同，上海人称之为"黄包车"，北京人称"洋车"，天津人则称"胶皮"。"胶皮"于19世纪末从日本引进，早期为木制双轮，轮外镶有铁圈，运行起来颠簸厉害，乘坐很不舒适，之后改成钢片车圈，外箍实芯儿橡胶车胎，故名"胶皮"。

"胶皮"作为早期的交通工具，为人们带来极大便利。天津人说话干脆利落，大嗓门儿地喊一声："胶皮！"马上有车夫近前："您了去哪儿？"客人一提大褂儿上了车："谦祥益。"三言两语，一毛两毛的，保准送到你要去的地界儿。拉胶皮靠双腿养家糊口，千里之行"驶"于足下，天津街面儿无路不熟。自从1906年比利时人在津开通了有轨电车以后，对"胶皮"的客运行业造成了很大冲击。客源越少越想宰客，尤其对外地老客儿，更不会心慈手软。绕远道、打桥票、拐包袱的"坏门儿"时有发生，所以，他们的口碑极差，社会地位很低，不被纳入"诚信行业"。

当时有顺口溜流传，也道出了他们不厚道的一面："拉胶皮的活地图，遇到老客儿装迷糊，不坐车的只问路，去东门的指你奔西沽。"

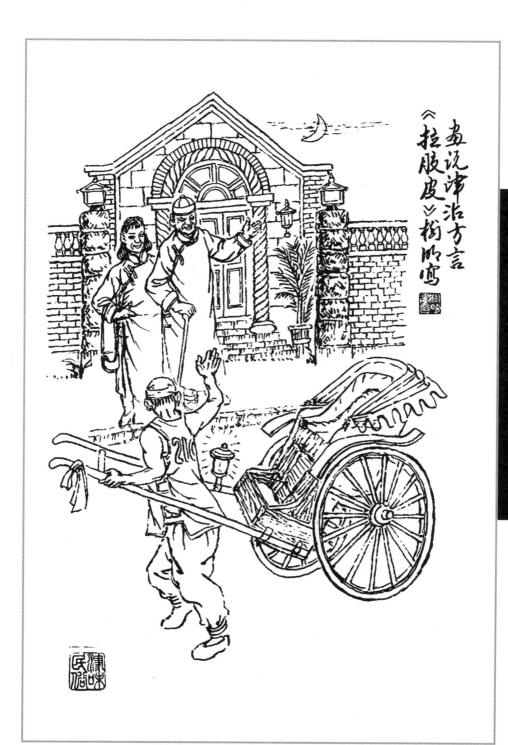

画说津沽方言
《拉胶皮》树明写

【跑单帮】pǎo dān bāng

本意指一个人独自往来各地买卖货物的商业行为,但在天津话的语境中,除此之外还含有偏门儿行当的成分。

据江湖传闻,民国时期天津最厉害的"跑单帮"当属从孟家树林习武出道的董大力。董大力人高马大,先做过几年苦力,后来跑单帮。十二三岁的大外甥常问舅舅:"您跑嘛买卖?带着我吧!"大力总是回绝。一晃几年过去,外甥仍是央求,大力把心一横:"好吧!正有一票,明日带你去做。"外甥闻此高兴得给舅舅磕了响头。次日清晨,董大力接外甥一同去了西南城角大车行。与车行老板声称去胜芳接姑娘,需要租车,谈好价钱,把式赶车上路。大车行至小稍口儿,向四周望去,空无一人,这时董大力按预谋行事,从怀中掏出一把名叫"独撅"的土造手枪,冲着把式脑后就是一枪,把式哼都没哼,一头栽下车去,大力跳下车拉着把式双腿,迅速将其放到了提前挖好的坑里,从草丛中抽出一把铁锨,三下五除二将人埋了,董大力眼不眨、神不慌,掸掸大褂尘土,上了马车,招呼外甥:"爷们儿赶着,咱的了,去远道儿卖了。"如此买卖,把个外甥吓得尿了裤子,再也不敢求着舅舅跑买卖了。

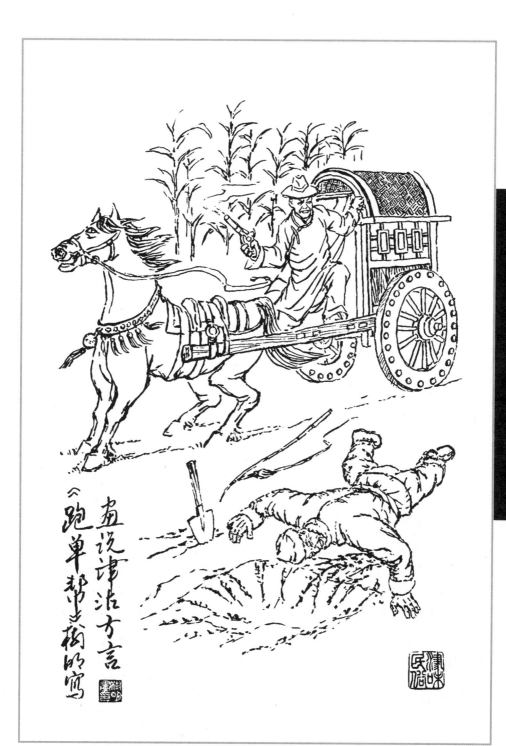

画说津沽方言
《跑单帮》老树明写

【大嘴马虎儿】dà zuǐ mā hūr

此语原发音"大嘴马哈儿",早前为东北方言,传入天津后被口齿不清者说成"大嘴马虎儿",之后以讹传讹,"马虎儿"读轻声,即成天津方言的发音:"大嘴妈乎儿",以此形容食量巨大、能吃能喝的人,俗称"饭桶",文言"饕餮"。

"大嘴马哈"即马哈鱼,别称大麻哈。属鲑科鱼类,是著名的溯河产卵洄游鱼类,头大嘴阔,吻端突出,性凶猛,以吞食其他鱼类为生。马哈鱼可长至6000克,是珍贵的经济鱼类,其卵营养价值极高,深受人们喜爱。我国黑龙江、乌苏里江、珲春河,均盛产马哈鱼。当地人熟悉其形其性,便以"大嘴马哈儿"来戏谑他人狼吞虎咽的吃相,此语入津后被讹传为"大嘴马虎儿"。

语例1:"那小子大嘴马虎儿,这盆儿饭肯定不够。"

语例2:"这桌菜,大嘴马虎儿一来,风扫残云,全去。"

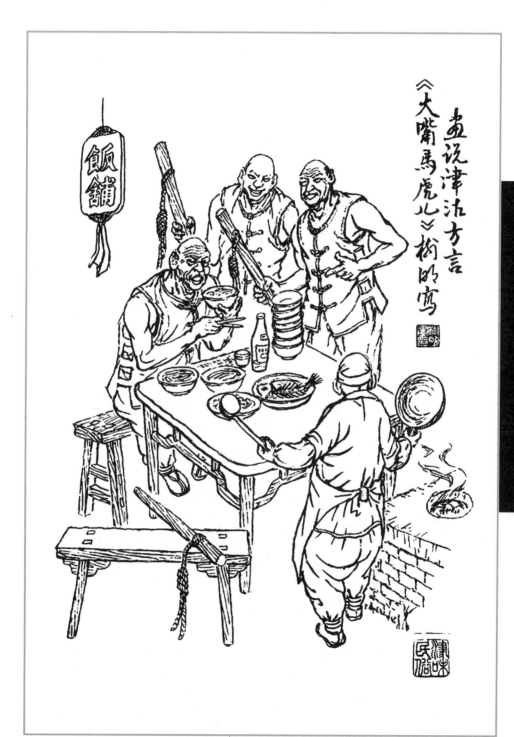

画说津沽方言
《大嘴马虎儿》树明写

【窑子】 yáo zi

　　为何称妓院为"窑子",曾有野史相传:旧时西部某地,成年男子大多出外谋生,并且讲究衣锦还乡,荣归故里,有着不发财不还乡的习俗。男人离乡或工或商,数载不归,所以村中青壮甚少,家庭诸事皆由妇女承担。但凡春种秋收、修房挖窑,总不免要请男性帮工。此地贫穷,妇人难免极为吝啬,多有以出卖色相充抵酬劳的交易发生。女人可长期雇佣几个壮男帮工,并无工钱付出,却也无人耻笑,俗称"拉帮套"。既然不付"帮套"工钱,唯有以身相许,两相情愿之事一拍即合。通奸之事终究不会光明正大,故,从不在供有先人牌位的正房行事,若在正房云雨实为大逆不道,所以一般都选在自家的小窑中进行。

　　此域土质非常适合挖掘窑洞,家家户户或饲牛羊、或存柴草皆有窑洞,长期将小窑作为男欢女爱之处,久而久之"窑"便成了野合处所的代名词。西部人说话爱带"子"字,"子"字作为名词后的伴音正是此地人的语言特点,故而将"窑子"一词作为花街柳巷、秦楼楚馆的代称,逐渐传遍东西南北、四面八方。

【扣四亮一】kòu sì liàng yī

此语条不仅是打麻将的术语,也是天津人对"三寸金莲"的形象概述。

中国古代女性一般从四五岁开始缠足,双脚用布紧紧缠裹,使其生长缓慢,畸形发展,待成年后骨骼定型,脚形即变成尖尖小荷"扣四亮一"。因缠足,使其行动拘谨纤婉、袅袅婷婷。宋人辛弃疾诗云:"淡黄弓样鞋儿小,腰肢只怕风吹倒。"道出了缠足女性摇曳生姿的步态,古时,女子相貌身材再好,如是天足,或缠而不小,都会遭到耻笑,甚至因此屈身下嫁。所谓"扣四亮一",是天津人对一双小脚的戏称,"扣四"即二三四五脚趾蜷在脚底,"亮一"则是大拇趾摞在最上,如此缠足自残其身,楚楚怜弱,时人以为美观。

天津号称"哏儿都",说话风趣幽默,"扣四亮一"虽有戏谑,但无毁辱。

画说津沽方言
《扣四亮一》樹鸿写

【打戏】dǎ xì

在老年间,组建一台小戏班子叫作"打戏","打"并非纯粹的体罚,而是为了保住学员嗓音的一种措施。

处在青春期的男女学员,都会经历"倒仓",即"变声"的过程,是演员职业生涯的重要时期,如果不能安全度过"倒仓期",嗓子就"废"了。因为"倒仓"大多发生在深度睡眠之后,早晨起床发现嗓子哑了,声音劈、沙、沉闷,如此即是"倒仓"。所以师傅会精心观察学员"倒仓"前的一些生理征兆,一经发现哪个学员有"倒仓"的可能,师傅就要采取"熬鹰"的办法,不让其进入深度睡眠。首先,在白天的练功时段,师傅会把学员的被褥喷湿,潮湿的被褥容易使皮肤泛起湿疹。因要不停搔痒,所以很难深度睡眠。即使这样,有的学员白天吊嗓、练功极其疲惫,完全不顾痒与不痒仍会酣睡。这时师傅就要守夜看管学员睡觉,发现哪个学员睡熟,就用教鞭隔着被子抽打几下,以此打醒学员,不让其进入深度睡眠。如此经过白天吊嗓、夜里熬鹰的一段时间,安全度过"倒仓"期,也就保住了学员的嗓音,这就是打戏之"打",而非暴力体罚。

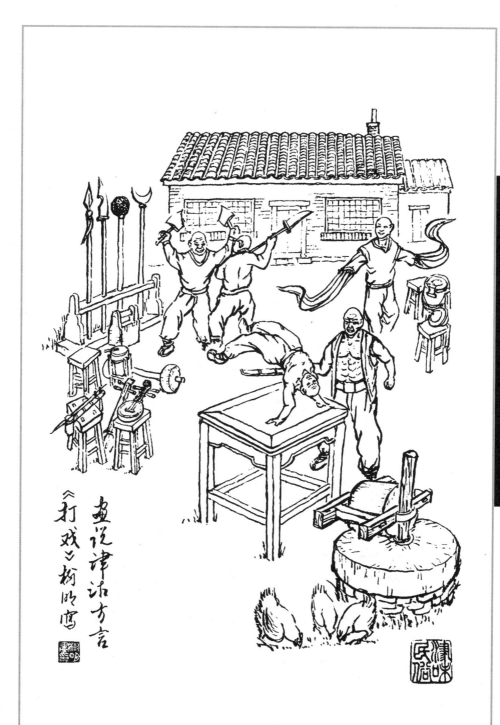

画说津话方言
《打戏》槲明写

【走人了】zǒu rén le

在天津话中是一句言称死亡的隐语。

对于一位老实人的故去，言称"走人了"不仅是说此人亡故了，语境中还包含着惋惜，如言："一辈子苦巴苦业没有享过一天清福，就这么走人了。"语气中带着怜悯与同情。但是，对于一个损害人民利益、横征暴敛的家伙的死亡，一句"走人了"却包含着"眼见你宴宾客，眼见你席散了；眼见你起高楼，眼见你楼塌了。呵呵！你还是走人了。"语气中充满了嘲笑。同样一句"走人了"，因人而异，会有截然不同的语义，这就是天津话的特点之一。

用一句"走人了"来表达两种语义，不是语言的匮乏，而是一种删繁提精的省说，与"走人了"有着相同语义的口语词汇比比皆是，多得可以让人迷糊，比如《白事会》的台词："无常了，亡故了，不在了，没了，没有了，完了，完事了，完事大吉了，吹了，吹灯了，吹灯拔蜡了，嗝儿了，嗝儿屁了，嗝儿屁着凉了，撂了，撂挑子了，皮儿了，皮儿两张了，土了，土典了，无常了，万事休了，俩六一个幺——眼儿猴了。"

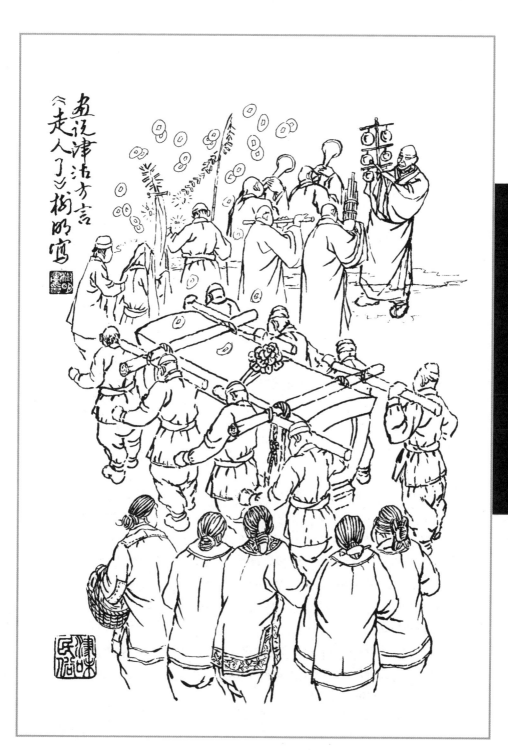

【唤头】huàn tou

　　天津话称男人理发叫剃头，此行业从前属于"行商"，即走街串巷为人刮脸剃头。剃头匠无需动嘴吆喝，而是用"响器"招揽顾客。这响器的名称叫作"唤头"，其形如同一把大镊子，是由两根钢性铁条制成，"大镊子"一头烧结成把儿，另一头两铁微张，全长一尺二寸，一只手拿着它，另一只手用一根小铁棍儿，从两片铁条中间猛然滑过，会发出"嗡嗡"的响声，以此召唤人们出来剃头，故名"唤头"。

　　旧时，走街串巷做生意的小贩，不同的行当有不同的"响器"。如卖豆腐、卖香油的，敲的是梆子。卖花线、卖女红的挑担货郎，摇的是拨浪鼓。卖药和行医的郎中则用的是串玲，也叫"虎撑"。磨剪子戗菜刀的，手持一叠串在一起的铁片，前后摇晃，发出"哗啦啦"声音的响器，名叫"唤金闺"，后来改吹铜号。如果听到胡同里有敲小锣儿的声响，一定是来了算卦的失目先生，他手中拎的小铜锣儿名叫"报君知"。

　　在旧时，百业十行各有声响，那是大街小巷的音符，回荡在城市中的古老乐章，嘀嘀嗒嗒、哗哗啦啦，伴着此起彼伏的吆喝声，给人带来无尽的韵味与遐想。

神醫藥到病除

画说津沽方言
《唤头》柴鹏鸣

卫
嘴
子

【卫嘴子】 wèi zuǐ zi

有句老话儿："京油子、卫嘴子。"其言耐人寻味。但认真想想也是简单，"卫嘴子"无非是说天津人能说会道、幽默风趣。一件面临火拼的事情，经"卫嘴子"调停，双方很可能握手言和、勾肩搭背。有人说这是嘴把式，没有真功夫。其实不然，老话说得好："好马长在腿上，好汉长在嘴上；话是拦路虎，衣是瘆人毛；能言善辩，舌战群儒；妙语连珠，闻者捧腹。"哪一句说的不是嘴上的功夫，有功夫总比拙嘴笨腮好。

天津地处京畿，朝官频繁往来，加之陆运、河运、海运，同兴共旺，如此名人、客商云集之地，自然修炼了天津人的交往能力，这能力始于嘴，成于心。老年间，凡遇争行夺市，天津的买卖人鄙视武夫之勇，善以"盘道"化干戈为玉帛。虽有为争码头下油锅、抽死签滚钉板之说，但亲眼所见又有几个、或有几回？天津人信奉"嘴上有江山，口里含天下"。若对此言持疑，试问，哪一位大人物不是演说家？谈判靠嘴不靠腿，此话大着说，以文明的方式摒弃战争、拥抱和平，乃君子动口不动手也，如此丰功少不了嘴的伟绩。

画说津沽方言
《卫嘴子》树明写

【山海关】shān hǎi guān

20 世纪六七十年代，天津娃娃言称"山海关"时，说的绝不是地名，而是汽水儿。

那时到了夏天，孩子们能够喝瓶"山海关"就算开斋了。虽然山海关汽水儿每瓶只卖一毛五分钱，也不是谁都喝得起。山海关汽水儿在当时可是最知名的高档饮料。据说，早先清逊帝溥仪在设宴时都特意交代，一定要用山海关汽水儿。20 世纪 60 年代，家家户户日子都挺紧巴，只有那些孩子少、父母都挣钱的家庭还算宽裕。儿时的玩伴胖墩儿家就算比较阔的，时常买瓶"山海关"。胖墩儿挺大方，每回打开瓶盖儿先喝一口，然后让小伙伴们每人喝一口，这一口老过瘾了。有一次小伙伴儿问胖墩儿："汽水儿为嘛叫山海关呀？"胖墩儿说："山里汽儿，海立本儿，关在瓶儿里变汽水儿。"小伙伴们听了哈哈大笑。这句"海立本儿"像个谜团，让笔者困惑了好几年，翻遍了《十万个为什么》，直到上中学也没找到谜底，后来想，一定是胖墩儿舌头拌蒜，把"海里水儿"说成了"海立本儿"，但"海里水儿"是咸的呀！怎能做汽水儿呢？

半个世纪过去了，现在饮品种类繁多，但是想起那山海关的"海里水儿"仍然觉得它是天下最好喝的饮料，辣丝儿丝儿的橘子味儿。

【发小儿】 fà xiǎor

说到发小儿,马上就会想起孩童时代家门口儿的那些玩伴。一起过家家、一起捉迷藏,一起在"呜哩哇儿"的尿尿和泥儿中上了小学。

小时候,每到星期天早早地起床,牙不刷、脸不洗,就去和小伙伴儿们聚会,现场商定玩儿的内容。如去粘老鹤(蜻蜓)就会有人自告奋勇,到三电机厂"偷"点儿黏子来;如果逮蛐蛐儿,就各自回家拿上大饼、馒头、窝头儿,去小稍口逮蛐蛐儿,午饭时肯定回不来……岁月悠悠,那些童年的影像是抹不去的内存,永远占据着脑海,比成年后所读的一切经典小说都记忆深刻。无论书中多么惊险与浪漫,永远覆盖不了那金色童年。

"发小儿"如言"总角之交","总角"即幼年时梳在头顶的两个发鬏儿,形如犄角,故名"总角",以此言称"自幼交往"。"幼",人之初也,其性本善,了无妄念。所以"发小儿"一词,尽含童蒙本善、少小无猜之意。无论年至而立、不惑,还是天命、花甲,即使岁月剥去华发,那发小儿们的往事旧梦仿佛就在昨天。

画说津沽方言
《发小儿》树朋写

吆五喝六儿

【吆五喝六儿】yāo wǔ hè liùr

　　形容张牙舞爪、盛气凌人的样子。本义指投掷骰子时咋咋呼呼喊叫点数,泛指赌博及赌博时的喧哗。"吆五喝六儿"为"呼卢喝雉"的白话,即文言变体。

　　古代博彩时所投掷的骰子,每粒为十四面的"球体",上面黑色刻牛犊,下面白色刻雉鸡。其他面称为"晃面儿",五枚合为一组,如掷出五骰全黑即为最贵彩,称"卢"。掷出四黑一白为次彩,称"雉"。掷出三黑两白为三彩,以此类推。不同时期有不同的玩法,也有以"配点儿"分出大小输赢的。

　　之后"吆五喝六儿"词性转义,用以比喻那些妄自尊大的肤浅之人,其面目可憎,经常指手划脚,发号施令,仿佛自己通晓一切而大言不惭,飞扬跋扈地凌驾众人之上。

画说津沽方言
《喝五吆六儿》 树明写

【叫花子】 *jiào huā zi*

老年间,乞丐分为两类,一类是职业乞丐,另一类是灾生乞丐(因天灾人祸导致贫穷)。所谓职业乞丐,不但长年以乞讨为生,而且还要掌握乞讨技能,如"打花啦、打花棍儿"。"花啦"是用牛的肩胛骨配上环子和铃铛制成的响器,用以在乞讨时击节而歌(念喜歌)。"打花棍儿"也称"耍花棍儿",杂技行话则称"拨楞棍子"。表演时表演者双手各持一根两尺多长的木棍儿,挑起另一根缠了彩布条、两端系着绒线花儿的"花棍儿",上下翻飞地表演出各种花活,以此换取施舍,这便是称乞丐为"花子"的来历。

早先天津人称乞丐为"叫街的"。乞丐走街串巷逐户赶门儿,由于乞丐不敢贸然进入府第深宅及一些较深的院落,常于门口儿喊叫"大爷大奶奶行行好吧……"所以,天津人称在门外喊叫的花子为"叫街的"。乞丐,即叫街又打花啦又耍花棍儿,故此得名"叫花子",乃叫街的花子。

曾有学者以元代戏剧家张国宾《合汗衫》"我绕着他后巷前街,叫化些剩汤和残菜"为例证,认为"叫花子"由"叫化"演变而来,此论虽为推想,亦可作为参考。

画
泛
津
沈
方
言
《叫花子》
构
图
写

济良所

【济良所】jì liáng suǒ

清末民初,兵荒马乱,政俗变迁,社会失衡,民不聊生。由于官府对极度贫困者救助不利,所以,各地相继兴起了一些由乡绅出资,官府督办的慈善机构,救助孤寡、弃婴及掩埋无主尸体。如清节堂、育婴堂、掩骨会。当时天津还有一个很有名的慈善机构,名曰"济良所",设在老城里的南门东,专门救助那些想脱离苦海的风尘女子,此善举被时人称颂。一些社会名流也加入了救助活动,并且慨然资助。与华世奎、孟广会、严修并列的书法家赵元礼时任"济良所"董事,此举足以说明救助被诱骗、被拐卖而误入歧途的妇女是大善之举,并被社会普遍认可。很多从良的女子视"济良所"为娘家,董事之一的李善长经常在"济良所"备下酒饭款待"回娘家"的女子。那些同为风尘沦落人的姐妹们,于此逢面叙旧,把话未来,如此温暖心窝的"娘家"被时人交口称赞。

在《天津地理买卖杂字》中有言:"济良所,蓝大门,要想娶妻去领人。"不难看出"济良所的蓝大门"也是光棍儿汉们向往娶到媳妇的希望之门。

画说津沽方言
《济良所》楠明窗

尖山儿

【尖山儿】jiān shānr

老天津人称地名"尖山"时要加儿化音——"尖山儿"。在天津话中，凡加儿化音的名词大多小巧精致。那么"尖山儿"的山到底有多大呢？"山儿"是真正意义的山吗？

天津属于退海成陆的滩涂地貌，不曾有山。"尖山儿"不是村庄，也无高地，而是早在明朝"黑牛城"一带的人们对其北部一片盐碱地的泛称。

相传明万历年间，即有先民在盐碱地里架锅起灶熬制碱硝，碱可用来去除污垢，也可在蒸馒头之前去除面团酸味。硝则是配制火药不可缺少的原料。熬制碱硝需要在干旱的季节里从盐碱地中刮取碱土备做原料。"津南"的碱土属于"瓦碱"，每到干旱季节，地表会泛起一层厚厚的"碱皮"，极易收取，熬碱工们把收回的大量碱土堆放在露天场地。在汉语中，人们习惯把成堆的东西用"山"来形容，比如："堆积如山、积土成山。"依此，人们将这些白花花小山似的碱土堆称为"碱山儿"。天津话的"津南古音"极易将"碱山儿"说成"尖山儿"，所以，"碱山儿"被讹传成了"尖山儿"。

丑
孝
子

【丑孝子】chǒu xiào zǐ

按旧俗，亲人弃世孝子七日内不得洗脸、不能串门儿，有要事告问一定要在他人门外说话，如果误入邻宅，邻人会佯装扫地，暗示提醒，并有扫除晦气、驱邪避祸之意。

老年间，孝子服丧要披麻戴孝、守灵坐草、昼夜不离，而且在守孝期内不能理发剃须，即使蓬头垢面、衣衫褴褛亦无人耻笑。在外人看来，"丑"孝子才是诚心守孝。古礼规定：亲丧乃人之大悲，必须禁欲，违者视为大逆不道。故孝子不修边幅，以"丑"示人，也是为了表明自己远离情色，更无眠花宿柳之为。丑其面、陋其身，以志哀思。更有甚者，家境本来不富，为使丧礼隆重，不惜重金，棺木采用四独板的柏木，五服之内全裸(luǒ)重孝，一切丧礼形制皆按富家水准操办，最后典房卖地倾其所有。若双亲不在，孝子会在坟前搭起窝棚，以草帘覆身而寝，终日不离。待除服后，携妻挑担，拖儿带女，蓬头赤足，背井离乡，以求孝感天地，日后衣锦。如此愚蒙苦次，时人以为孝矣。

画说津沽方言
《丑孝子》杨鸣写

硌
楞
绷
子

【硌楞绷子】 gè lèng běng zi

天津话说某人"硌楞绷子",就可知此人必有与常人不同之处,或脾气古怪,或行为异常,以现代语述则称为"不合主流的另类"。例如,在旧时的服装改良时期,曾有个别人将中式衣服的大襟改成右压左,以此别于他人来彰显个性,此举在常人看来,右压左的大襟是死人装裹的制式,肯定不会被人接受,但此人招摇过市满不在乎,如此的"另类"被时人贬称为"硌楞绷子"。

"硌楞绷子"天津话发音"个了绷子",但正声正写应为"硌楞绷子","绷子"是"硌楞"的后缀语。"硌楞"一词,源自冀鲁皖等地的方言土语,本义是"不平坦"及身体所触带来的不适感。例如,行走在石子路上就有"硌楞"的感觉,之后词义引申:称单腿向前蹦着走为"硌楞"。有一种游戏叫作"撞拐",即二人将自己的一只脚搬起在另一条腿的外侧,然后向前蹦跳,以蜷腿的膝盖相互顶撞,双脚先着地者为输,这个单腿向前蹦跳的过程叫作"硌楞"。笔者曾于骨科病房听到"冀人"对话:"你这脚伤不能着地,没人扶你,去茅子(厕所)咋办?"答曰:"没关系,俺硌楞过去就行了。""硌楞",即是单腿向前蹦跳的意思。

在天津话中"硌楞"后缀"绷子",词性发生转义,成为贬义词。言说某人"羊群里出骆驼"的怪异举止,以及脾气秉性、穿着打扮不同常人时,便以"硌楞绷子"概述其人。

画说津沽方言
《硌楞绷子》树明写

【诈尸】zhà shī

曾有传说,人死后有"诈尸"的现象。然而这只是民间传言,并无亲眼所见。偶有"死人"复活,实则也是休克后的自然苏醒,如此"死而复生"被当时愚蒙未化的乡人传为了使人恐惧的诈尸。

在旧时的丧俗中,礼仪繁复、规矩颇多。其中,为死者穿戴好装裹后,要在铺了金黄色的海褥子上停床,盖上银白色的"蒙脸"(即"铺金盖银"之意),然后在亡人的胸口处压上一块瓦片,以此防止诈尸。据传说,人死时胸中残留着一口气,如果有鸡或猫跳到了尸身的胸口上,而此时正巧又有狗或猫遛到停床下,当鸡、人、狗,或是猫、人、狗,三心垂直对应成一线时,就会诈尸。时人认为如此"三心一线",动物的灵魂就会附到尸体上,使其四肢乱动,甚至忽然坐起,即为诈尸。据老辈人说,根据亡人身体哪里余温尚存,即可预知死后进入何道轮回。如:头顶有余温进入神道,眉心有余温进入佛道,胸口有余温进入人道;腹部有余温进入鬼道,膝盖有余温进入畜生道,脚心有余温进入地狱道。而胸口尚有余温的亡人与动物"连心"后最易诈尸,所以要用一片阴瓦盖在胸口处,用来隔离魂灵邪祟,以此镇尸。据此迷信之谈,在民间也演绎出了很多有关死人诈尸的鬼魂故事。

天津方言则将"诈尸"一词用于责骂突如其来的大喊大叫和发狂般的反常举动。例如:"大半夜的,你不老实睡觉,诈尸呀!"

画说津沽方言
《诈尸》树明写

压箱底儿的

【压箱底儿的】yā xiāng dǐr de

经常听说"压箱底儿的",意思是说,家里存着贵重、秘不示人的"宝贝"。也有撂地的艺人以"压箱底儿的"来形容某种绝技,或是最出彩的看家本领:"哎!诸位君子上眼啦!在下给您表演一套火中取栗、口吐莲花,这可是我压箱底儿的功夫,今天您算来着了……"听此话,这套节目一定有些分量,而且非同一般。如果"压箱底儿的"是某位大家收藏的古董,那必然是极其金贵的老物件儿。其实"压箱底儿的"却是一句"隐语"。

旧时,国人从不把生理知识向婚前子女透露半句,尤其女方父母总是讳莫如深,认为男欢女爱都是无师自通,不好明言直说,作为父母更是难以启齿。但旧时的早婚,也确实让闺中小女不知所措。此时,为人母者爱女有方,在女儿出嫁前,母亲会让她于绣房之内亲自动手打理嫁妆。衣箱满满,需要逐一整理。母亲早已在箱底放置了类似"春宫图"的画片或是造像,让女儿自行观看学习,完成"婚前教育"。如此压箱底儿的物品才是"压箱底儿的"本义。

画说津沽方言
《压箱底儿的》树的写

飞茶壶

【飞茶壶】fēi chá hú

在老天津话中"飞茶壶"是打架斗殴的代名词,即使在马路上群殴,无壶可飞,也称"飞茶壶"。王嫂慌慌张张地告诉刘娘:"不好啦!你家老五和几个小混混儿在万国桥上飞茶壶了!"意思是说打架了。

"飞茶壶"本意是砸窑子、闹园子。据文献记载,"飞茶壶"基本都是混混儿和国军伤兵所为。但据知情人讲,砸窑子的事很少与混混儿有关,因为混混儿大多与老鸨相互"托屁",暗中合作,他们不会伤了"自家人"的买卖。而伤兵闹园子的历史也极为短暂,一瘸一拐的,偶尔动怒飞过茶壶,也是虚张声势,并无大祸。而真正闹事敢飞茶壶的人,是日伪时期的"电老虎"。在鬼子手下做事的电工,挎着工具袋子,进园子、逛妓院如履平地,他们有日本人撑腰,无人敢惹。尤其娱乐行业最惧"二鬼子"一般的电工,一旦伺候不周,便以检修线路为名,马上拉闸断电。此时园子的大戏刚刚开场、窑子的花酒正要开席,这一断电,黑灯瞎火,岂不全都乱了套。所以电工在当时是非常霸道的职业,即使恭敬地伺候着,也免不了酒后乱性、无事生非,飞茶壶砸窑子更是不在话下。当时有句俗语:"电工进园子,比扛枪的横。"

【穷的叮当响】 qióng de dīng dāng xiǎng

　　传说很久以前有个铁匠,年近而立尚未成婚,与小徒弟打铁为生。铁匠不甘寂寞,拜请一位大冰人(媒人)为自己保媒。这一日,大冰人来到铁匠家,见师徒正在叮叮当当地打铁,便自行进了土坯房内查看状况,大冰人出来连连摇头:"铁匠啊!你这家徒四壁、啥都没有,让老身如何给你提亲?"小徒弟玩笑地说道:"怎会啥都没有?这不是还有打铁的家伙吗!"大冰人嘴一撇:"是啊!穷得就剩叮当响了。"言罢,扭扭儿地走了。

　　小徒弟看师傅一筹莫展,便如此这般献出一计,师傅听后连连点头。

　　是日,掌灯时分,土坯房里传出了当啷当啷的数钱声,只听小徒弟说:"师傅!有二十吊了,剩下的钱明天再数吧!"此时夜深人静,这数钱的声音被过往的邻人听到,断定铁匠一定积攒了不少钱财。消息很快不胫而走,媒人们蜂拥而至,抢着要为铁匠提亲。其实铁匠很穷,并无积蓄,是小徒弟用了几枚铜板倒替着扔进碗里,故意做出的声响。没成想,此计如此奏效,铁匠最终如愿以偿。再之后,便有了象声词的俗语:"穷的叮当响"。

盡況津沽方言
《窮的叮当响》
枸明寫

【金刚钻儿】 jīn gāng zuànr

"没有金刚钻儿，别揽瓷器活儿。"意思是说处理某些事物，没有相应的能力，不要涉足其中。此语条为"出自实践的经验之谈"。

旧时有锔盆儿锔碗儿的行当，匠人挑着担子走街串巷，为主顾修修补补。老年间，百姓居家过日子都很节俭，凡有缸、盆、碗、碟，以及掸瓶、帽筒之类的瓷器打破了，不会轻易扔掉，收起残物要等着匠人锔活。锔碗儿的挑子，一头放了锔子和金刚钻头、有几层抽屉的小柜子，另一头是风箱和一只阔口的小炉子，兼营补锅。锔碗儿的钻头由坚硬无比的金刚石制成，用一只琴弓式的拉钻，在所需修补的瓷器上钻出对应的小孔，然后镶上锔子。旧时有句谣语："锔盆锔碗锔大缸，小夫妻干仗匠人忙。"道出了瓷器损坏的多种原因，也笑侃了小两口儿的"欢乐"时光。

锔活的主顾并非全是"穷人"，也有一些富户修补上品老瓷，行内人称为"细活"。匠人会认真对待，每一小块瓷片都要精准还原其位，决不会漏掉丁点，因此引出了一句歇后语："锔碗的戴眼镜——找碴儿。"旧时人们修补一件残破的瓷器，不只是节俭，更是一种惜物情结。

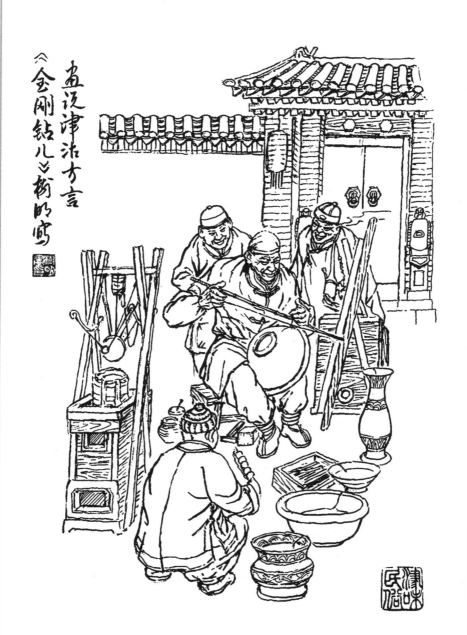

画说津沽方言
《金刚钻儿》街的写

【瞪眼儿肉】 dèng yǎnr ròu

指的是老年间小贩卖熟肉的时候要瞪大眼睛,盯住食客以免其多吃漏账。

当下与新生代话旧,常被"代沟"阻隔。忆昔无米下锅,忍饥挨饿,年轻人多以为天方夜谭,其间有如晋惠帝:"百姓无粟米充饥,何不食肉糜?""呵呵!旧时穷苦百姓若有粗茶淡饭已是幸运,哪来的肉食?"昔日百姓吃肉绝非今日之便,欲求餐餐有肉实属妄想。老年间北京有卖"瞪眼儿食"的,而天津则有"吃瞪眼儿肉"的,如此旧事重提,权当佐证贫民食肉之难。

小贩推一独轮车,车辕与轱辘之间的下方挂着小炉子,炉上架着盛满红烧肉的铁锅。所谓红烧肉,其实是一些"血脖、囊膪"之类的次品肉。食客都是社会底层的穷人,拉胶皮的、捡毛裢的、喝零活的、缝穷的,自带干粮来此吃肉解馋。小贩要瞪大眼睛,盯住每一位食客从锅里夹肉的数量。食客夹起一块,小贩就向小碗儿中放一枚"铜子儿",以此计算食客吃了多少。小贩"瞪眼"为的是防止漏记账,而食客"瞪眼"是想趁其不备"打马虎眼"多吃一块。如此,即是"吃瞪眼儿肉"的来历。忆昔思今,苦乐天别。

画说津沽方言
《瞪眼儿肉》
杨明写

肥达噜儿

【肥达噜儿】féi dá lūr

万物流变,无物永恒,语言亦如此。随着社会的发展与变化,语言、语义、语境,皆在变化之中。例如津沽方言"肥达噜儿"一词,早年用来形容小孩儿胖墩墩的可爱形象,父母会欣然接受,而今,因语中有"肥",似含讥讽,所以很少以此夸赞肥仔了。

在国弱民穷的年代,"肥"字含有更多的褒义,天津人常把过个好年叫作"过个肥年"。把可以捞到油水的美差称作肥差,给孩子起乳名,叫"肥子"的很多,"肥"不但有可爱之意,更意味着富贵、健康、有发家之相。

"肥达噜儿"一词,源于老天津卫的勤行。喜寿面要打三鲜卤儿,食材中不可缺少的就是肥肉片儿和虾仁儿,而且多多益善。天津人用赞美的话说"卤儿打得够肥",而大师傅一句"肥打卤儿",墩儿上就知道要多放虾仁儿和肉片儿,然后配料绝不手软。炒菜出勺时一定要淋明油,为的是菜色亮艳而且肥美。"肥达噜儿"在津沽方言中属于借用语,借用了大师傅口中的"肥打卤儿"。"肥"是吃主儿的享受、是排场、是人们对富裕生活的向往,仅此。

开洋荤

【开洋荤】kāi yáng hūn

天津是中国近代接触舶来文化较早的城市之一。从1860年至1945年期间，有英国、法国、美国、德国、意大利、俄国、日本、奥地利、比利时等国，通过签订不平等条约，在天津老城东南部区域、海河两岸，相继设立拥有行政自治权和治外法权的租借地，俗称租界。洋人于租界内开办商行、店铺、妓院及餐厅。

起士林是天津最早的西餐店。由德国随军厨师阿尔伯特·起士林于1908年开办，早期只是在法租界内的一家小餐馆，兼售面包点心和糖果。起士林因与法国食客发生口角，以致大打出手，最终被迫迁址。重新开张的起士林，扩大了营业面积、丰富了菜品种类，生意极为兴旺。据说李鸿章访问德国时，起士林亲自为他做过西餐，其精湛的厨艺不但得到中堂大人的夸奖，于津门之地也得到了众多食客的赞赏。起士林餐厅因其菜品的色、香、味、形，与"国菜"迥然不同，并且刀叉上桌，又有金发碧眼的女招待，如此就餐环境让天津人感到非常新奇。一些土豪官绅趋之若鹜，无不以享用西餐和与洋妞搭讪为时尚，时而"跩"两句洋文，觉得倍儿有面子。时人称此就餐为"开洋荤"，即偶尔换换口味，吃回洋人的美食佳肴。之后"开洋荤"语义扩展，把逛洋人妓院也称为"开洋荤"。

画泛津沽方言

《開洋葷》拘的寫

【外国鸡】 wài guó jī

　　天津人说的"外国鸡"或"外国鸟"不再是一百年前对外国禽类的笼统称呼,而是用来形容人的脾气古怪,不合潮流,用天津话说有点儿"硌楞绷子"。

　　旧时天津有九国租界,洋人在津如在本国,生活习惯,各种节仪,一应按照夷人之俗。感恩节、圣诞节,是洋人的重大节日,届时放假,与家人团聚。在节日宴会上,有一道不可或缺的名菜——"烤火鸡"。火鸡,也称"吐绶鸡"或称"七面鸟",由洋人从大洋彼岸带到天津租界。天津人初见火鸡不知是何种禽类,只见那"大鸟"体形硕大,翼展可达四尺有余,头颈仅有稀疏羽毛,长着会变色的肉瘤儿,体羽呈金、褐、绿色,胸围斑驳。雄火鸡尾羽可开屏,脚和趾强大有力,颈、足如鹤,嘴尖且软,冠色如血,脚有两趾,似鹰爪一般。如此怪异大鸟,天津人之前不曾见过,便称之为"外国鸡"。据说,因洋人带"大鸟"来津舟车劳顿,极为不便,后来在津人工孵化,使之数量大增,人们司空见惯,不再以为稀罕。"外国鸡"也随之词性转义,成了一句含有新意的词语。

画说津沽方言
《外国鸡》梦明画

【水猫儿】shuǐ māor

　　天津话的"猫"字读二声，唯独"水猫儿"一词读正音（一声），因水猫儿之"猫"非猫咪之"猫"，而是"猫着"，即"呆着、等着"之意，源自东北方言。

　　"水猫儿"专指在桥头、河沿儿等着找活儿干的外来民工，其群体以瓦工、木工为主。瓦工多是苦力汉子，而木工则是以做粗活儿为主的"侉木匠"，基本都是靠出卖体力为生的劳动者。

　　天津地处水旱码头九河下梢，老年间从上游而来的漕船很多，曾有锦句为证："千帆漕运，物流南北，罗珠盈市，列肆繁荣。"说的是天津因漕运而繁华的景象，繁华之地需要大量劳务也在情理之中。所以，一些外乡农民云集至此，搭船来的农民初到天津人生地不熟。由于天津地理交通方位不正，常常让人找不到北，即使在本地土生土长也是常以前后左右言称方向，分不清东西南北。可想而知，外地农民初来此地怎敢贸然远离码头，所以，一些民工便猫在桥头、河沿儿一带，等着来人雇佣。如此长期猫在河边，便被天津人戏称为"水猫儿"。"水猫儿"一词不含贬义，无非是码头文化造就的市井语言，尽含幽默戏谑而已。

图说津沽方言
《水猫儿》杨明鸁

够
粉
的

【够粉的】 gòu fěn de

    旧时看戏,对于剧中的情色内容,观众常会交头接耳:"这出儿戏够粉的。""粉"是春心萌动,"粉"是柳绿桃红。"粉"指的是才子与佳人的风流情色,含此内容的戏曲称为"粉戏"。

    千百年来,因受儒家思想的影响,国人对情感的表达以及对欲望的追求,长期禁锢于心。因此,文人骚客便通过文字、图画、戏剧去抒发、宣泄内心的压抑与渴望,表达情感的本真。于是有了爱情诗、春宫图、风流剧,这恰好满足了人性所需。旧时百姓的娱乐方式,无非是到茶馆儿、花街和戏楼享受欢娱,观赏"粉戏"是最为常见的一种娱乐形式。在当时,"粉戏"的盛行也源于艺人需要生存,因情色内容的"粉戏"更能满足观众的欣赏口味,而为自己带来经济收益。随着社会的文明进步及审美意识的提升,一些"粗鄙露骨"的"粉戏"被改造成高雅华美的剧目,不过从现代人的角度来看,有的"粉戏"有时可能更适合普通观众的口味。"粉"不是秽乱邪淫、不是放浪形骸,"粉"是人面桃花,"粉"是少女腮红,"粉"是卿卿我我,"粉"是柔情蜜意。

画说津沽方言

《够粉的》杨德鸾

【混鳎嘛】 hùn tǎ ma

天津人爱吃鳎目鱼，鳎目也称偏口儿，天津话则称"鳎嘛"。其肉质细嫩洁白，味道鲜美肥腴，是天津人餐桌上常见的美味，尤在三伏天炖鳎嘛，更是天津"老派儿家庭"的遗风。

天津人不但爱吃鳎嘛、会吃鳎嘛，而且还将鳎嘛一词转义成动词使用。比如在炎炎夏日，张三问李四："四爷！今儿个怎没出摊儿？"四爷会豪爽地回答："大三伏天儿的，鳎嘛了。"此时的"鳎嘛"已不再是鱼类的名词，而是如同"休息了、不干了、躺下了、舒舒服服地歇了"等一系列的动词。

在天津话中，把不出力、磨洋工、混工钱的人，以及对工作不负责任、应付差事的人，统称为"混鳎嘛的"。将腆颜而至，来蒙吃蒙喝的人也称为"混鳎嘛"。《天津方言词典》："日伪时期，汉奸头目到中立园饭馆吃饭，恶吃恶打，从不给钱。他们每次都吃红烧鳎嘛。老远看见他们朝饭馆儿来了，掌柜的说：'倒霉，混鳎嘛吃的又来了！'后用'混鳎嘛'比喻滥竽充数、不干正事，只凭关系白拿工资的人。"

画说津沽方言
《混鳎嘛》揭底儿

【红眼儿和白眼儿】 *hóng yǎnr hé bái yǎnr*

天津人惯称孙子为"红眼儿",而对外孙则称"白眼儿"。

相传老年间,在东门外的扒头街住着一位老汉。老汉的儿女两家外出讨营生,年龄相仿的孙子和外孙都由他常年带着。老汉年轻时在漕船上帮工,水性极好。到了该享天伦之乐的年纪,仍然满怀"水上情结",时常带着孩子们到河边撒网捕鱼。俩孩子看着自己的爷爷、姥爷捕到大鱼小虾,甚是喜欢。

一天雨后,上游泄洪。祖孙三人来到河边,看到有人在用抄网拦截顺流而下的鱼虾。老汉抡起撒网抛向河中,由于用力过猛,脚下一滑,不慎一个趔趄栽进水中,瞬间被急流卷进漩涡。小孙子眼见爷爷被水冲走,急得放声大哭、高声呼喊:"爷爷!爷爷!"声嘶力竭,泪如泉涌。但老汉没有回声,已然被湍急的河水淹没。此时,年龄稍大的外孙子却漠然地对小表弟说:"你等你爷爷吧,我还有爷爷呢,我去找我爷爷了。"言罢转头便走,把小表弟一人撂在了河边。庆幸的是老汉水性极好,有惊无险,从下游上了岸,回来找两个孩子。抄鱼人告诉老汉落水后两个孩子的不同反应,当老汉得知外孙说的话,一拍大腿:"哎!真是个白眼儿狼。"随即一把将孙子揽在怀里,心疼地说道:"这哭红眼的才是我亲孙子。"从此,便有了"红眼儿、白眼儿"之说。

盘说津沽方言
《红眼儿和白眼儿》
杨明寫

【贼不走空】 zéi bù zǒu kōng

有句老话：盗亦有道。意思是说，即使当贼，也要有一定的"行为规范"。

老年间，拉破头们行乞于麦场，明乞明讨，即使用了耍赖的方式——"拉破头"，也是在大庭广众之下，既不伤人也不暗偷，无非是给农户添堵或者使之恐惧，以此达到目的。乞丐与窃贼是一明一暗的两个行当，"乞丐明讨不暗偷，窃贼暗偷不明抢"。

从前窃贼在麦收过后，夜里下院子偷粮，仍是遵循"盗"的规矩。无论粮囤大小，最多只窃九斗，不能满一担。贼人认为"满担"不吉，所以不会"贼心无举"贪得无厌。最背的时候，莫过于刚刚下了院子即被主家发现。这时贼人必须终止作案，如再强行偷窃即为明抢。过去法有规定，明抢明夺重罪加刑。因明抢极易伤人性命，故"抢"罪重罚，而"偷"罪则轻。但贼人秉信空手而归是走"败运"的征兆，凡在此时偷也不是、走也不是，左右为难。农家人懂得"贼不走空"的规矩，就会拿出一双筷子隔着窗户扔出去，贼人们拾起筷子，闷声一谢转身便走。虽然没有得手，但拿到了筷子也算讨得"日后有饭吃"的彩头，所以谢过即走，绝不纠缠。如此：贼不走空。

象和秀和興

運年有餘

畫说津沽方言
《賊不走空》楊明鸞

【娃娃大哥】 wá wa dà gē

旧时，天津人在社交中，尊称陌生的成年男子为"二哥"，讳称"大哥"。究其原因，与一项古老的求子习俗"拴娃娃"有关。

天津天后宫内，在送子娘娘的香案前放着许多泥娃娃，其模样各异，憨态可掬，甚是惹人喜爱。凡来求子的妇女，焚香上供、磕头许愿，奉上香资，用一根红线系在有眼缘的娃娃的脖颈上，然后将娃娃抱在怀中，嘴里念叨着提前起好的名字："宝贝儿跟妈妈回家喽……"随即将娃娃偷偷带回家中，此举称为"拴娃娃"。

娃娃要放在炕上，成为家中一员，称其"娃娃大哥"。要按照季节变化为"大哥"添减衣服，每餐为其摆放碗筷，如同亲子一般，照料冷暖和一日三餐。妇女一旦怀孕生子，全家都会认定是"娃娃大哥"招来的"弟弟"，为家庭带来了吉祥好运。"弟弟"出生后要排序行二，"娃娃大哥"的长兄地位永远不能颠覆。每年还要为"娃娃大哥"在专门洗娃娃的店铺里为其洗澡，实际是重新上色。随着"年龄"的增长，重绘的面目要有"长大"的变化，"弟弟"要称其为娃娃哥，不能直呼"泥娃娃"。如此，即是"娃娃大哥"的来历和不能称陌生人"大哥"，只能称"二哥"的原因所在。

盘说津沽方言

《娃娃大哥》衍明写

【砸锅】*zá guō*

自从人类告别了茹毛饮血时期、进入有锅时代至今,锅,没有本质的变化,始终以最朴素的质地、最简洁的身形,伴随着人类的生活。若干年前,在中国的大部分家庭尤其是农民家庭中,锅是一件最重要的家庭物品,人们将锅看作是生活和生存的象征。

在物资匮乏的年代,如果邻里之间发生摩擦争斗,锅被对方砸破,就会结下深怨。因为损坏的不只是一件物品,而是遭受了最恶毒的诅咒,也是奇耻大辱。锅在国人心中不单单是一件炊事器具,更是人们对生活、生存,化作在精神层面的图腾。

仅从以"锅"来形容事象的词汇中就能感受到"锅"的寓意和分量,比如:把事情办砸了,会用"砸锅"来形容;天津话常常把成事不足败事有余的人称作"砸锅匠";描述贫困清冷的景象时,常以"清锅冷灶"来形容;以"扫锅刮灶"形容倾其所有;又以"砸锅卖铁"表示不留后路,倾其全部财力去办一件事情,更以"背黑锅"比喻蒙受冤屈、代人受过。在天津的俗语中有人生三大腻味:"破锅、漏房、病老婆",锅放在第一位。我们可以从中感受到"锅"对生活所产生的重要影响。

【挑帘儿红】tiǎo liánr hóng

　　本指在戏剧中,挑开"出将"门帘,演员出场亮相即获碰头彩。碰头彩是观众对"名角"的追捧、是对"新角"扮相和身段的认可。以"挑帘儿红"比喻演员初次登台献艺即获成功,俗称一炮打响。

　　在过去,媒体不甚发达的年代,若想捧红一名演员、尤其是"新角",靠的是口口相传。而为口口相传制造的噱头,即是海报。一名"新角"初次登台献艺,成功与否至关重要,甚至决定了未来几年能否在舞台上保有立足之地。曾有多名艺人在津出道,一炮走红,靠的不仅是台下十年真功,海报的宣传也起了重要作用。过去凡艺人首次登台献艺称为"打炮",必有海报铺天盖地,戏迷们口口相传,等着如期观赏。但临近公演却又更换海报推延"打炮"日期,如此做法要反复几次,为的是给观众制造话题,故弄玄虚,以此达到宣传目的。戏迷们把戏瘾憋得十足,一旦购票,必是人山人海排起蛇阵。新角打炮要请官绅土豪,甚至黑道霸主,一应名流前来捧场。吉日开锣,台口竖满花篮,两侧挂满锦帐。新角儿挑帘儿出将,一个亮相,马上掌声四起。"开口未唱三两句,台下鼎沸叫好声。"如此即是"新角打炮挑帘儿红"。

画说津沽方言
《挑帘儿红》树功写

【胰子】yí zi

天津人管肥皂、香皂叫"胰子",如今让年轻人听来或许有些土气,误以为此名称是旧时的俚俗白话,闾巷之说。"胰子"果真是土话?非也。"胰子"也称"猪胰子",语源"猪胰脏皂"之省说。

在过去的年代,商品匮乏,没有如今种类繁多的香皂,猪胰子几乎是唯一的选择,洗脸、沐浴人人必用。它不但有极强的去污功效,而且还有很好的保健功能。尤其在北方的冬天,一些人常会冻伤手脚、裂开口子。使用猪胰子可以消肿止痛、消炎灭菌,是一种天然的护肤品。据行家介绍,制作猪胰子的方法虽然各异,但配方基本一致。杀猪时取出粉红色的猪胰脏,去除表面猪油,切成碎块儿,放在石臼中将其捣烂成泥。再将火碱上锅翻炒,然后碾成粉末,拌以其他少许辅料,按比例掺入其中。团成球状或块儿状进行风干,之后包上一层蜡纸即可成为商品上市出售。以前屠宰厂的猪胰脏卖得很便宜,所以制造"胰子"成本很低,售价自然也很低,但它却是国人用了很多年、有着药用价值、天然绿色的"土产药皂"。这便是天津人惯称肥皂为"胰子"的来龙去脉。

画说津沽方言
《胰子》树明写

【嘴甜心苦卖凉药儿】 zuǐ tián xīn kǔ mài liáng yàor

　　据传民国早期,在天津城里公所一带,每到下午总有一位小贩,挎着食盒卖药糖,人们称他"老和"。其实他不姓和,之前也不卖药糖,而是专干跑和儿,为租房的人牵线搭桥,从中赚取佣金,人送外号"老和"。老和四十多岁,没什么手艺能耐,却生就了一张巧嘴。后来当起了二房东,向外高价转租房屋。这老和虽然嘴甜,却是个心黑不守诚信的人,经常与大房东要赖拖欠房租,没想到老东家因此翻了脸。之后一传十、十传百,竟然没有一家养房产的再与之合作,从此断了老和的财路。失了口碑的老和没个真本事,很难找到事由儿。恰巧有位亲戚干的是卖药糖的营生,无奈之下,从亲戚那里趸些药糖来卖,维持生活。老和卖药糖虽是外行人,但他巧舌如簧,嘴甜似蜜,把个药糖吹得神乎其神,所以有人讨厌他油嘴滑舌。当时有位嘴损的魏三姑,了解老和的过去,经常当着众人面拿老和开涮:"老和卖的不是凉糖呀!他是嘴甜心苦卖凉药儿的,小嘴儿叭叭儿的,尿炕哗哗儿的。"众人闻此捧腹大笑。

　　之后,那一带的人们记住了老和,把口蜜腹剑、虚情假意的人,喻之为"嘴甜心苦卖凉药儿",一直流传至今。

画说津沽方言

《嘴甜心苦卖凉药儿》树明写

吃过见过

【**吃过见过**】chī guo jiàn guo

　　形容阅历丰富、见过世面。相反,则易露怯甚至闹出笑话。旧时曾有"食客趣闻"确切发生,也印证了没见过世面而造成的尴尬。

　　从前有一乡村汉子来津,进"淮扬馆儿"用餐,独点包子二斤。跑堂的观其穿着打扮,便知此人不懂这淮扬汤包儿如何食之。堂倌儿善意说道:"这位老兄,二斤汤包儿您可吃不了,不如点俩炒菜配一笼汤包儿,今儿个正有"大烧"上柜,您来上二两,保您这顿饭花钱不多舒舒服服。"哪成想汉子以为推荐他炒菜是为多赚他钱,便摇头相否。堂倌儿多是藏而不露的"嘎杂子",心想,既然不听奉劝,就看看他如何闹出笑话。只见那汉子夹起一个汤包儿,噗的一下汤汁漏掉,只有包子皮送到口中。如此反复,汉子急的拍了桌子:"这包子为啥没馅儿?"跑堂的咪笑着近前说话:"老兄,这汤包儿不是这样的吃法。"说着拿起筷子和小勺演示给汉子看:"要用筷子夹住包子顶部向上颤动两下儿,包子与屉离开缝隙小勺迅速叉入底部端起,从顶部咬开一个小口儿吸食汤汁,这包子皮儿可以弃之不吃。"汉子哪里见过这等奢物,露出一脸窘态。堂倌儿摊开双手:"没办法,这是富人之物,非贫民所能食也。"汉子受了奚落却无可奈何,红着脸吃了二斤包子皮儿。

画说津沽方言
《吃过见过》树明绘

瞭高儿

【瞭高儿】liào gāor

语义为登高瞭望,语源旧时的"水会"。"水会"也称救火会,是天津最早民办的消防机构。从康熙到咸丰年间,天津成立过大小五十多个"水会",皆为民间组织,承担查看火情、抢救火灾的重任。旧时"水会"所使用的救火器械极为简单,通报火警用的是梆子和铜锣;救火设备是水机和水桶;破拆房屋用的是挠钩和斧子等工具。据文史学者张诚介绍:"天津早年使用的水机都是木制的,虽然设计精巧,但喷射距离远远达不到所需射程,而且相当笨重,需用小车拉动。"张诚还说:"水会在特定地点设置瞭望杆,白天悬旗、晚上挂灯,用来通报火情。"瞭望杆是一根几丈高的独木杆梯,竖立在适合瞭望的位置,杆顶悬挂形似"升"状的木斗子,瞭望人从杆梯爬上杆顶,站在木斗中瞭望远处火情,天津人称此为"瞭高儿"。

"瞭高儿"一词不但让人们牢记水火无情,而且将"瞭高儿"引用到了勤行。老天津人将饭馆儿的大堂经理一职称为"瞭高儿的",他要凭借嘴甜、手勤、脚快,打理营业中的大小事情及宾客的迎来送往。更要有一双慧眼,根据食客的穿着打扮、口音举止,判断出是哪个阶层人士,以便提供相应的服务,因此又引出另一句俗语:"看人下菜碟儿。"

画说津沽方言
《瞭高儿》 构图写

【扛刀】 káng dāo

天津话干脆利落，饭前饭后，熟人见面一句"吃了吗？"就算礼节性地打了招呼。胡同口儿的张二伯是土生土长的天津人，说话特别哏儿，午饭刚过，晚辈人德子与他打招呼："二伯吃了吗？"张二伯嘎嘣脆地回答："今儿个二婶儿起义了，二伯扛着呢！"一句话把德子逗得哈哈大笑。这"扛着"在天津话中是"饿着"的意思，"扛"是"扛刀"的缩语，出自"周仓为关公扛刀"之说。

相传关公于卧牛山救了周仓一命，周仓虽力大无比，但有勇无谋，只好屈身关公帐下，为关公扛刀。关公在荆州应鲁肃之邀赴宴，关鲁二人推杯换盏，而周仓只能扛着关公的青龙偃月刀在一旁忍饥护卫。有时关公于帐中阅读兵书忘记吃饭，周仓在帐外扛刀守护，经常饿得饥肠辘辘、肠鸣阵阵。有士卒讨好周仓，问吃饭了没有？周仓把嘴一撇，满腹怨气地说道："吃饭？没看我扛刀呢吗？"意思是说还饿着呢。此语始在军卒中流行，戏称挨饿为"扛刀"，之后，渐渐传到民间。

过去天津人凡是错过了吃饭时间，常以"扛刀"代言"还没吃饭"，而且又引申出生活困窘、饔飧不继的意思，甚至把没烟抽了也称为"扛刀"。

画说津沽方言
《扛刀》杨明写

遛百病儿

【遛百病儿】 liù bǎi bìngr

　　正月十六"遛百病儿"是天津的老例儿,于旧俗中是一项女性活动,也称"走百病、散百病"。在古代,妇女不可随意抛头露面,尤其是未嫁的姑娘和年轻少妇,更是深居闺阁,足不出户,平时有要事出门,多有车轿藏身。"遛百病儿"的习俗正好给了女人们"见世面"的机会,使之获得一日"解放"。妇女们结伴出行,一起观花灯、猜灯谜、赏烟花、遛百病,这一天是女人们最快乐的日子。

　　天津是座五方杂厝的城市,"遛百病儿"的习俗有很多不同的内容。例如:进庙烧香要摸门钉,以此祈求人丁兴旺;有桥必过,称为"走桥渡危",以之求得遇难成祥;燃薪烤火,边烤边念叨"烤烤腰百病消,烤烤手百病走"。如此俗例儿冗芜琐碎,名目繁多。

　　随着政俗迁更,社会进步,这项在旧时仅限于妇女的活动,已然成为了所有人在春节最后一天的庆典。大人们"遛百病儿"祈福健康。小孩子们手里拎着舅舅买的灯笼,预示着来年幸福"照旧(照舅)"。在时间上也不再仅限于晚间,一早开始,熙熙攘攘的人群占领了大街小巷,如此习俗"遛百病儿",倒不如说是一场全民的户外运动。

画说津沽方言

《遛百病儿》杨映寰

【气死猫】 qì sǐ māo

从前天津的小康人家，居家过日子都有一件存放熟食的柜橱。柜子式样上窄下宽，给人以稳固感，其造型简洁明快，双门对开，内有几层搪板，门子和"山头"有梳式、窗棂式、团花镂雕等各种不同式样。柜子里外通透，空气对流，食物放在其中不易发霉变质，而且防猫偷食。人们为它起了一个诙谐的名字——"气死猫"。

天津地处九河下梢，东临渤海，百姓人家吃水产品从不缺嘴儿。虾蟹鱼类，无论是煎炒烹炸、家熬㸆炖还是白灼清蒸，首选要"鲜"。但保持剩菜剩饭的"鲜"味是个难题，放在密闭的地方容易闷捂变味，如果裸放又容易被喜腥的猫咪偷食。所以，在没有冰箱的年代，"气死猫"成为不二之选。

据考证，"气死猫"成器于明末，所以称为"万历柜"。最初造型，由一根根细圆木棍儿排列在门心和"山头"，很像一排排的面条儿，因此也称"面条柜"。此柜空气可流通，气味可挥发，但偷嘴的馋猫却吃不到柜中食物，所以才有了这个有趣的名字——"气死猫"。之后，又在镂空处加装了一层纱幕，不但气死了猫，也气死了苍蝇。

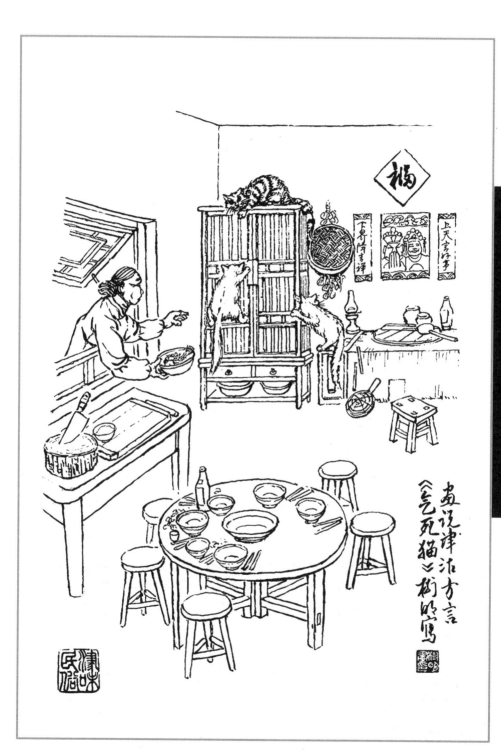

【烧包儿】shāo bāor

在津沽方言中常常用来形容一些刚刚脱贫便忘乎所以,做出与自己身份地位和经济实力极不相符的炫富举动。

"烧包儿"一词,语出"化袱烧包"。

按旧俗,农历七月十五称中元节,也叫鬼节,前后十天都属节内。据传,"七月鬼门开,户户设香台,阴魂隔阳世,烧包寄冥财"。每当进入七月,家家户户开始祭典先祖亡亲。首先由男子砸印冥钱,在祠堂先人牌位下摆放供品,燃香祭拜。大户人家更是祭仪繁复,案上摆放锡箔折成的银锭和蜡烛,鲜花、水果、糕点一应俱全,并于晚间化袱烧包。没设祠堂的人家便在十字路口焚化包袱。"包袱"由白纸糊成大信封状,在正面竖式书写文辞,如是亡父,即写"先考"。例如,第一行:"今逢中元,虔备冥资,以敬先考。孝男某某率妻儿某某谨具袱钱。"第二行:"上奉"。第三行顶头书写:"先考某某老大人冥中受用"。第四行:"伏愿家门清言,富贵久长。"第五行:"某年农历七月即日化袱。"

曾在民国时期有人将金圆券与烧纸一同放进包袱焚化,来以此示孝,时人觉得可惜,认为化袱烧包不过是"活人眼目之事",以真币烧包可谓烧包至极,如此,便有了"烧包儿"的另一层含义。

画说津沽方言
《烧包儿》树明画

鬼剃头

【鬼剃头】guǐ tì tóu

鬼剃头本是一种脱发疾病,在老年间发病率较高,时常有人一夜之间掉光了头发,而且不分性别。若是老翁倒也无所谓,但年轻的男女难免为此焦虑自卑。寻其病因,却是难解之谜,正因如此,才有了"鬼剃头"之说。

笔者曾于20世纪末,在苏州寒山寺与一位山东籍老和尚把话家常。老和尚说起他老家曾经有位"秃儿哥",年轻时桀骜不驯,一次酒后逞能,竟然爬上村中大庙的房梁向下撒尿,将佛头的彩绘冲得七零八落,家乡人为此愤愤不平,皆说这孬种必遭报应。没成想,数日后此人一夜之间掉光了头发。在此之后再也没人敢在庙中撒野,"秃儿哥"也因此打了一辈子光棍儿。至今想来,虽是老年间的迷信之谈,或是一种巧合,但里面暗含了普通人所坚信的"作恶必遭天谴"的处世哲理。以上之说是男性遭到"鬼剃头",如是女性不慎罹患更是不堪忍睹。所以,在老年间遭"鬼剃头"的女子便用彩巾包裹在头,并且画眉补缺,浓妆艳抹以遮丑态。也因此引出另一句天津俗语:"秃老婆爱颜色(shǎi)。"

如今医学进步,"鬼剃头"已不再是"绝症",其病因主要是由于血液供应和内分泌失调所致,一般来说只要调整好精神状态,及时就医,即可再现乌发满头。

盏泥津沽方言
《鬼剃头》树旧写

【狗嘴吐不出象牙】gǒu zuǐ tǔ bù chū xiàng yá

　　形容言不中听、出口伤人及拙人笨语说不出好话。此语虽是比喻句,但在生活中也不乏其人。

　　据老辈人茶余饭后的话题,早年在西关街织带子作坊的隔壁,住着一户无儿无女的两口子。男人四十来岁,名叫"狗程",每到冬天去西头帮着冰窖拉冰,到了夏天则摸鱼弄虾贴补家用。两口子与左邻右舍很少说话,并非二人对街坊有何敌意,而是一说话就砸锅,所以逢人一笑,从不搭讪。有一年冬天,织带子作坊家里添丁,孩子出生后起了"四六风",没出一周便夭折了。这孩子乃是头胎,一家人为之哭哭啼啼。按旧俗孩子早殇,不可埋入祖坟,只能埋在乱葬岗子,丧子的主家为此找来狗程帮忙。狗程收了雇银,一言不发地把孩子放进了土篮子,抄起扁担勾起篮子便走,可是一头重一头轻的担子把个狗程晃了个趔趄,狗程自语道:"哎!一个偏沉,死俩才好挑着。"此话一出,把主家气得火冒三丈,但都知道狗程不会说人话,便忍着性子,往另一只空篮子里放了两块青砖。事后主家越想越生气,便去找狗程媳妇儿告状,没成想这狗程媳妇儿更是不会说话:"您了别跟他生气,下回再死了孩子可别找他!"一句话把主家气得怒发冲冠,愤怒地说道:"你们两口子,一对儿狗嘴里吐不出象牙。"

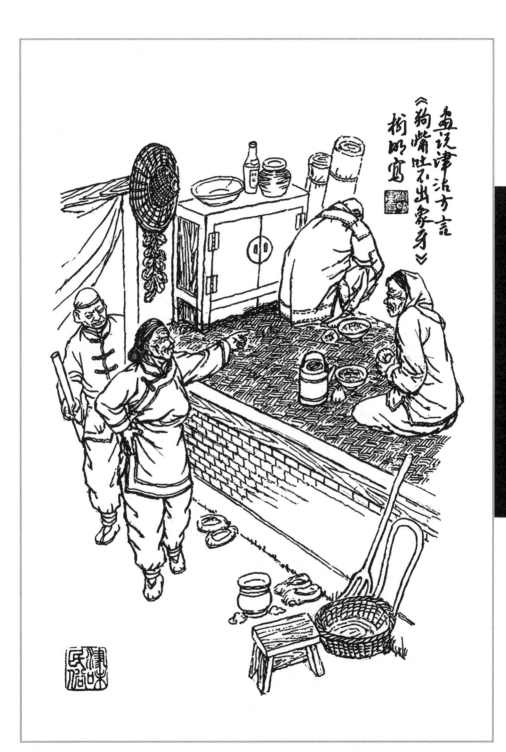

画说津沽方言
《狗嘴吐不出象牙》
树明写

【葛先生】gě xiān sheng

在天津遇葛姓人不可称先生,如果妄称"葛先生"便会招来对方不满而自找没趣。这是为何?因为"葛先生"在天津话中特指女性使用的情趣用品(假阳具)。此物早期多为木质,民国初期始有舶来的橡胶阳物。当时民风尚古,官府禁止商家明售,只在私下交易。1904年中国引种橡胶树之后,有了国产橡胶,随着橡胶制品日渐繁多,胶质阳具才有了国产货。旧时男人外出经商,担心娇妻年少红杏出墙,便买来"葛先生"送与妻子,聊慰空房寂寞。

据说在旧时的北京宣武门外有一家小店,专门出售"女性用品"。因掌柜的姓葛,所以买"东西"的人为了隐晦起见从不直言,只说"找葛先生"即可。另一说在天津估衣街有两家名叫"华南行、范永和"的洋广杂货店出售此物。"东西"并不摆在明面,只等顾客言说:"葛先生在吗?"伙计便心领神会进到内室把"葛先生"包裹得严严实实递给客人。

津话的"葛先生"或许从北京传来,两地店主皆姓葛的可能性很小,其隐语的形成必有先后。再之后,很多药铺开始兼营此物,无论掌柜的、伙计姓什么,顾客仍是一句"葛先生在吗?"买卖即可成交。如此,"葛先生"已然成为阳物的代称,所以,在天津不可称葛姓男性为先生。

画说津沽方言
《葛先生》构思稿

百草堂

虎骨　牛黄　人参

鹿茸　麝香

福

福

【金评彩挂】jīn píng cǎi guà

旧时有八种江湖行当,用隐语说出其名,叫"金评彩挂,皮团调柳",也称"八行切"。切(qiē)即切口,是将大众语言切换成专业术语,也叫"春典"。天津乃是曲艺之乡,懂春典的人很多,常常把"春典"当作生活语言脱口而出。所以,长期以来,也因口语习惯、或是误传,将"金评彩挂"说成"金皮彩挂"。其实这也无妨,但是按照"八行切"分为上四门儿和下四门儿的时候,便造成雅与俗在顺序上的颠倒。上四门儿"金评彩挂"可登大雅之堂,而下四门儿行当鄙俗,不能登堂入室,故此,不可乱了顺序。

"金":本指卖卦人手中提的"报君知"(小铜锣),以此泛指算卦相面,调侃儿称"金点",旧时称卖卦人为先生,亦是对此行的一种尊重;"评":指说评书,说书艺人多能识文断字,以古喻今,启蒙时人,所以被尊为"说书先生";"彩":指戏法和魔术,演员服装称为"彩衣",古典戏法也称"古彩戏法",故名"彩";"挂":本意指撂跤的招式,后泛指打把式卖艺的行当,吊侃儿称"挂子行"。以上四门儿均可登台献艺,广示男女,而下四门儿则不然。欲知其因,请看下集【皮团调柳】。

画说津沽方言
《金评彩挂》
树明画

【皮团调柳】 pí tuán diào liǔ

承上言下："八行切"中的下四门儿皆为"狗肉上不了宴席"的行当。

"皮"：专指卖狗皮膏药、兼营大力丸和金枪不倒。其在乐户附近兜售，常被妓女破口大骂。"团"：艺人吊侃儿称说相声叫作"团春"，但团春分为两种，一种是"雅说"，即相声，可登大雅之堂；另一种是"荤口儿"，天津人称它为"数骚嘴的"。数骚嘴的表演形式与相声基本一样，只是说的场合及内容不同。一般是撂地"画锅"，将听众"团"成一圈，拒绝妇女看客，然后专说下流段子。"调"：本意指"调包"，可一人或多人做局行骗，后泛指骗术和兜售假货一类。比如，将蒸馏水当作德国制造的"606针剂"卖给花柳病患者，以此骗人钱财。"柳"：艺人吊侃儿称唱大鼓为"柳活儿"。但"柳"的本意并非"柳琴、柳子腔"之柳，而是"眠花宿柳、寻花问柳"之柳，借指风月。"柳活儿"早先专指在乐户演唱窑调和淫曲的行当，或"歌柳"，或"戏柳"，或"杂柳"，而非指《丑末寅初》一类的白雪阳春。

综上所述，上四门儿与下四门儿有着雅俗之别、荤素之分，所以排序为"金评彩挂，皮团调柳"。

画说津派方言

《皮团调柳》 柳明春

【碰了一鼻子灰】 pèng le yī bí zi huī

从前有个教书先生,名叫甄修,娶了邻村财主的胞妹三巧儿为妻。二人膝下育有三女,一家五口靠甄修一人教书挣得修金,日子过得清贫,时常靠三巧儿的娘家哥接济。

有一年财主哥儿的独子患了伤寒,吃了多个方子仍不见好,经人指点要为儿子娶亲冲喜。可是谁愿意把闺女嫁给一个病秧子?所以多日未果。但此事却让甄修动了心思,与三巧儿合计要是让女儿嫁过去,做个姑舅亲岂不是好事?一来亲上加亲,二来日后也能沾光,想到此,二人满心欢喜。是日,甄修信心十足,主动上门提亲,没成想,话一出口即被大舅哥回绝,而且遭到劈头盖脸的训斥:"亏你识文断字竟然不懂这姻亲规度?两姨可作亲,舅女可嫁姑儿,而你我联姻,这是姑血倒流,岂不让人耻笑?"一句话把个甄修说得面红耳赤、无地自容。低头耷脑的甄修一出房门,正有下人端着灶灰经过,与之撞了个满怀,如此惶窘之态,愈加使其羞恼万分……

甄修灰头土脸回到家里,三巧儿问及提亲之事,甄修怒色说道:"没看我碰一鼻子灰吗?还提亲呢,哼!"

事隔多年之后,甄修一弟子考中举人,回乡省亲时从师母口中得知此事,之后在其撰写的《应世权变录》中将"一鼻子灰"的趣事始作文字流传于世。

抽死签儿

【抽死签儿】chōu sǐ qiānr

旧时天津卫的脚行,在遇到外来混混儿争夺地盘时,首先在自家内以抽签儿的方式来决定谁去"喝命",以自残耍狠摆平对方、用气势"叫呲"对手。

天津地处九河下梢,漕运兴旺、陆运发达。各路帮派势力把持着大小水旱码头,脚行在榨取脚夫们血汗的同时也维系了码头装卸运输的正常秩序。江湖有言:"码头本无主,铁骨占金屋。"意思是说大河是老天造就的,谁不怕死、有骨头,这脚行的买卖谁就能占一股。所以常有黑道混混儿、亡命之徒,为分一杯羹、"拿一份儿",来逞凶斗狠。这"一份儿"可不是好拿的,首先要有视死如归的胆量、硬实刚强的筋骨,还要按照江湖规矩行事。脚行一方遇到"切份儿"的,就要应战。首先召开股东大会,言明状况,摆设香堂,行过家礼后开始抽签儿,谁抽到黑签儿(死签)谁就要"应事"。无论是下油锅、滚钉板还是"小彩儿",决不能爬桅。这"小彩儿"即是在滚油中赤手捞出铜子儿、用攮子刺进自己大腿,或拿起红煤球儿点烟一类的自残把戏。如果因此身亡,其家人将由脚行一包到底,直至父母双亡、妻子改嫁、子女成人。若抽死签人有儿子,可顶替父位,在脚行中继承红利并且入伙。

画说津沽方言
《抽死签儿》杨明画

【折箩】zhé luó

在天津话中"折"是"倒"的意思,"箩"是"笸箩",将倒在笸箩中的各种剩菜统称为"折箩"。

老年间,百姓平常过日子粗茶淡饭,偶尔做些荤腥打打牙祭已是开斋,鲜有"折箩"。"折箩",都是出自各大饭店、饭庄。旧时富人进饭店用餐、请客,讲究摆谱儿显阔,散席之后,主与客绝不轻易将剩菜打包带走,觉得此举有失颜面。店家既不鼓励像如今提倡的打包和光盘行动,也无纸塑餐盒提供。这并不是仅仅因为那个年代尚未发明塑料制品,而是客人"打包"会带走饭馆伙计们的一笔红利。这是为何?旧时的饭店会把客人的各种剩菜分类后倒进笸箩里,然后由仨俩伙计在路边出售。顾客基本都是穷人,自带大碗来买,没带碗的过路人,伙计就用荷叶来包装折箩。尤在夏天,还有用半个西瓜皮盛折箩的。至于卖折箩的收入,东家并不侵占,而是分给全体伙计。曾有人认为旧时的天津人不打包是一种陋习,其实不然。首先说剩菜并没有浪费,而是以极低的价格卖给了穷人,伙计们也因此增加了一些收入。

如此说来,折箩的出售是另一种形式的社会财富再分配,"富帮贫,互惠互利"。折箩是否卫生另当别论,据"老勤行"说:"从未发现过因吃折箩而患病的。"这或许也是当时的社会实情。

画说津沽
方言
《折箩》树明写

【攒儿亮】 cuánr liàng

"攒儿亮"一词,是由人的活动状态和精明的办事能力,概述成"春典"(江湖秘语)。其语义是明白江湖事理、聪明敞亮、达权知变的意思。因本语条在生活中的频繁使用,而逐渐演变成了天津方言。

"攒儿"早先指招集工匠和劳力,后泛指集中等待招聘的地方,也称"攒儿上",早期为北京脚行术语,之后传入天津。"亮"是机灵敞亮,在人群中最有号召力、被公认的最明白江湖事理的人,与"攒儿"合称为"攒儿亮"。例如:早年于天津六号门儿货场,每天早上都集中了很多等活儿干的人,其中有部分人并非六号门儿的"长工",时常抢不到活儿干,这些人便成了社会零工。凡各买卖家有临时需要散工的时候就去六号门儿货场的"攒儿上"招募劳力。人群中总有几个懂理懂面儿、知道深浅的聪明人,如遇肥差,马上自报家门,无论嘛活儿他都说得头头是道,而且客气得让主家难以拒绝。如果遇到警察招人干活儿,他会闪到一边或者假充善人,三言两语把活儿让给新来乍到的"老赶儿",他非常清楚,那时给警察干活儿能够兑现工钱的寥寥无几。时称此种人为"攒儿亮",其语义不但言其聪明,而且还含有"花模糖色(shǎi)",会来事儿,见风使舵、眼神儿活的意思。

画说津沽方言
《攒儿亮》柳明写

【回四】huí sì

天津人婚后第四天的上午，男人要陪着新媳妇带上礼物回娘家，称为"回四"，亦称"回门"。这是新娘出嫁后第一次回娘家，新郎必须全程陪同。宋孟元老《东京梦华录娶妇》："婿往参妇家，谓之拜门。有力能趣办，次日即往，谓之复面拜门。不然三日、七日皆可，赏贺亦如女家之礼。"可见，回门之礼仪由古流传至今。回门时，女婿需要给岳父母准备回门礼、回门钱，烟酒糖茶一应备齐以示敬重。回门的路上，新娘需要走在前面。新娘家摆酒待客，俗称"摆回门宴"。就餐时，新娘要陪着新郎，逐一向父母、亲友和邻里敬酒，感谢大伙儿的费心，听听他们的教诲。

有俗例儿说："看了娘家灯，死公公。"亦有"天亮往回行，夫妻不受穷"之说。传统习俗要求新婚一个月内不能空房，因此一对新人必须当日掌灯之前返回新郎家，这也是天津人在婚俗中的硬性规定。返回婆家时的路上，新郎需要走在前面，并将带去的礼物再带回婆家少许，称为回礼。回礼的数量不能为单，必须是双数，意为夫妻成双，百年好合。

悠悠岁月，人人遵守此俗例儿，至今无人破规。

盡说津泒方言
《回四》树明寫

【描龙刺凤】miáo lóng cì fèng

　　原指精美的手工刺绣,泛指女子巧工女红,在天津话中特指在身体上大面积的刺青文身。文身,即用墨针刺入皮肤"绣"出图案或文字,以展现内心的美好愿望和吉祥喻意之图案。文身,古称"涅",如"岳母涅字于飞背,令其精忠报国"。据文献记载,先秦刑罚有"黥刑",也称"墨刑",即在犯人面部刺字以示罪身。古人不会自己主动文身,《孝经》有云:"身体发肤,受之父母,不敢毁伤,孝之始也。"故此,先古文身因"黥刑"而纹。之后,有落草者逆道违常,如《水浒传》中,花和尚鲁智深、九纹龙史进与浪子燕青,不从俗众而文身。近代人文身的缘由很多,有"结党文身"以示同盟;有"帮会文身"以表同道;有"尚武文身"以之彰显侠风。天津旧时的文身不同蛮夷,大多为江湖混混儿,靠"耍胳膊根儿",以文身"照面儿"壮胆混事由儿。曾有俗语:"杆儿拉的多穿衣裳,刺花儿的爱光脊梁。"意思是说形如骷髅的人多穿衣裳可以遮丑,而刺青的人则喜欢赤胸裸背人前显横。

　　如今社会进步,审美有变。"天之骄子""时尚青年"文身已是寻常,有的情侣已不再是口头的海誓山盟,而是在身体上镌刻下爱的永恒。

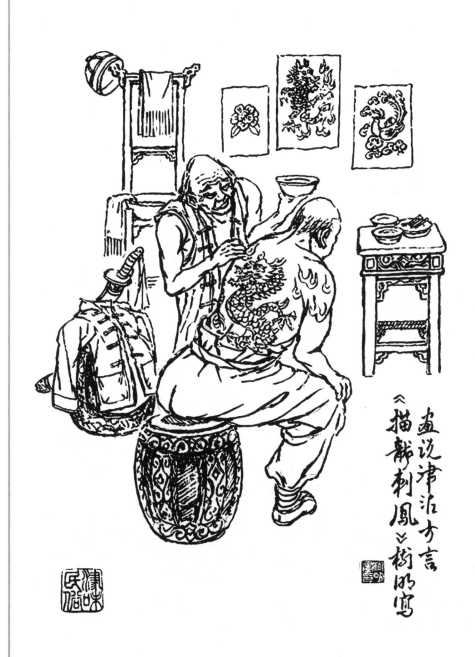

画说津沽方言
《描龙刺凤》树明写

拐子

【拐子】guǎi zi

天津人管大鲤鱼叫"大拐子"，小鲤鱼叫"拐子尖儿"。

义和团时期，在天津陈家沟子的"鱼锅伙儿"中有一位能打敢杀的中年汉子，人称"邹八儿"。由于天津话的"懒舌音"（齿音字），现已无法确定是"邹"还是"周"，姑且称"邹"。据传，邹八儿跟着义和团杀洋人非常卖命，但是折腾了半天洋人没杀几个，却杀了不少与洋人有过牵连的中国人，并且焚毁了大量的洋货。邹八儿在一次混乱的打杀中被洋枪打断了腿骨，从此落下了残疾，成了拐子。义和团运动结束后，邹八儿因为腿残，失去了昔日的"战斗力"，便知趣地退出了"锅伙儿"。他凭着在鱼行多年的人脉，拖着一条残腿做起了卖鱼的营生，时人背地里称他是"卖鱼的邹拐子"。虽说这"邹拐子"也算是半个黑道中的人，但他做买卖从来不会强买强卖，也不会缺斤短两骗人分毫，"鱼锅伙儿"会把最鲜活的大鲤鱼首先发给邹八儿去小卖。邹八儿在售价上总是比同行略低一些，每天早晨只卖一篓，售罄收工，之后别人接着再卖，所以，大家也都相安无事，并不因此与之作仇。但是对于顾客来说，谁都乐意去买"邹拐子"的鲤鱼，大家口口相传，时间一久"买拐子的鱼"省说成了"买拐子"。"拐子"便成了鲤鱼的代名词，甚至忘却了"邹拐子"的存在。

话说津沽方言

《拐子》树明写

【黄了】huáng le

老年间，新买卖开张那天，要用大红纸写上"开张大吉"贴在门外，以此广而告之。现今仍然如此，而且燃放鞭炮造出动静，爆竹纸屑如蝶翻飞，红红火火落在门前，以此预示买卖兴隆。

在旧时，大小商号如若转行歇业，或者经营不善亏损倒闭，都要在门外贴上用黄纸写的"收市大吉"或者"关张大吉"，以此昭告债权债务者及时清算。若是营售日用杂品的小店，街坊四邻总会有赊账的主顾，店主碍于情面，不便直言催欠，这大黄纸的"关张大吉"也是通知欠账人速来还账的公开函。据口述史传，天津曾有一家画店转行，门外大黄纸上有字有画，画着两个古代人物，一个是丹凤眼、卧蚕眉，一捋长髯；另一位是豹头环眼，阔口蓬须。二人如门神分立左右，中间有"大吉"二字。如此画面引来不少人驻足观看，乍看像是一张"猜谜"，定睛而瞧，忽然有人一拍大腿："这二人画的乃是关羽和张飞，原来是关张大吉呀！"众人惊叹，无不赞许："看人家这心胸，买卖都贴黄纸了还能如此雅谑，佩服！佩服！"

因买卖关张要贴黄纸的原因，市井语便将生意干败了和一切没做成功的事情统统称之"黄了"。甚至将恋爱失败、二人分手也称为"黄了"。

画说津沽方言
《黄了》柯明写

【拍花子】pāi huā zi

　　传说老年间有撒迷幻药的,也叫"拍花子的",即扮成叫花子的人贩子,对儿童拍撒迷幻药物,进行人身拐骗。据说,此种人贩子都会一些巫术,配施迷幻药进行离人妻女、夺人子弟的勾当。

　　旧时,儿童只身离开家门,一旦被"拍花子的"盯上,必是凶多吉少。传说那"拍花子的"在手中藏着药粉,只要轻轻一拍儿童头顶,念上两句咒语便会使人出现幻觉,"两边是奔流的大河,身后有猛虎相随"。孩子只好紧紧跟在"拍花子的"身后,任其带到何处。拍花子的得手后,如是俊俏的女孩儿,便会卖入妓院,鸨儿称此为"养闺女",几年之后,在女孩儿落红之前即被强迫接客。若是男孩儿,相貌好的,会被卖入"相公堂子",堂主施以"秘法"将其培养成专供变态男性玩弄的"相公",一生不男不女,性命早殁;相貌略差的男童大多卖给杂耍班子和一些黑心作坊;而相貌平平的,卖给没有子嗣的人家,则属万幸。所以,旧时的大人们担心孩子被人拐骗,常以外边有"拍花子的"来吓唬孩子,使其不敢远离家门。

　　如上之说虽是旧时传闻,并无证据显示那些"拍花子的"确有什么巫术和咒语,但那使人丧失意识的迷幻药物却是千真万确的存在。

【吃百家饭】chī bǎi jiā fàn

在天津民俗中"吃百家饭"的内涵与外埠有很大区别,不但指旧时的穷苦孩子被各家接济给口饭吃,艰难长大,更多说得是老年间街里街坊的亲和场面。天津人心肠热乎,老年间旧街老院互相照应,出入即使不用锁门也都很放心。到了饭点儿,各家孩子放学,赶上谁家大人不在家,邻居们从不会在意多双筷子,总是乐呵呵招呼孩子来自家吃饭。管饭的同时,邻家的爷爷奶奶还要对孩子唠叨几句、嘱咐几句,甚至从孩子嘴里扫听些家长里短。那时的孩子们大都吃过"百家饭",隔三差五就会出现在邻居家的饭桌上。也有没溜儿的伯伯大爷,偶尔会揩掇蹭饭来的小小子儿眠口小酒儿,惹来婶子大娘的几句数落和嗔笑。对于孩子们来说,即使家里饭菜再好,也不如邻居家的饭菜香。住大杂院儿的年代,无论谁家大人走亲出门儿,都会放心地把孩子"寄存"在邻居家,孩子们就在"吃百家饭""穿百家衣"的氛围中一晃就立起个儿来。都说吃百家饭的孩子命硬有福,吃的食物杂,不择食,身体倒比娇生惯养、连葱姜蒜都不吃的那些挑食的孩子皮实得多。

时光荏苒,往事已成旧梦,现今的美食虽然极大丰富,却依旧怀念儿时邻里之间的真挚与善良,和那傍晚时分大杂院儿中飘起的饭香。

画说津沽方言
《吃百家饭》
树明画

【逛洋灯】 *guàng yáng dēng*

　　这是一句很老的俗语,"洋灯"最初指的是"桅灯",也叫马灯、提灯。灯火外部有防风玻璃灯罩,以燃烧煤油照明。天津最早接触的"洋灯"是德国产的"美最时"和"美丽牌"洋灯。国人初见"洋灯"爱不释手,因照明度远远大于灯火如豆的国货油灯,并且不怕风雨,灯油不会外溢,不但被船家推崇,而且为岸上人家带来便利。尤其夜行人,提起洋灯便走,非常方便,所以受到时人追捧,视为"宝灯"。在当时,家有一只"宝灯"不但是一件实用品,也是一件奢侈品,一些爱显摆的人不等天黑便提灯上街招摇过市,被时人戏称为"逛洋灯的",其语义含有挖苦、讽刺的成分。

　　清光绪二十八年(1902)在天津法租界建了发电所,创建了"法国电灯房"。之后,每当夜幕降临,华灯初上,一些初来城市的农民,看到这灯头朝下也能如此明亮的东西觉得稀罕,经常三五一伙到马路上看路灯,一些市民便戏称他们是"逛洋灯的",嘲笑乡人没有见过世面。后来"逛洋灯"的语义发生了些许变化,逐渐扩散为晚间逛马路,甚至把逛夜市、逛夜景,以及漫无目的的闲逛,统称为"逛洋灯",并且在天津人口中说了很多年。

画说津方言
《逛洋灯》柳焕贺写

【耍贱】shuǎ jiàn

耍者而女,贱者卑也。在天津俗语中,"耍贱"多指恋人之间女性通过示弱、发嗲的方式而达到心理的预期目的,是一种典型的小情趣和孩子气的表现。"耍贱"一般情况是对亲近的人的小手段,也如孩子对父母。

自古至今,女人无需太过漂亮,但一定要懂得高看自己的夫君,更要懂得营造风情。男人都喜欢看到自己的女人撒娇而非强势。当抿着小嘴,皱着眉头,搞些小小的无理取闹却一哄就笑,心肠再硬的男人也会甘拜下风。《论语》有言:"唯女子与小人难养也,近之则不逊,远之则怨"。在这里,孔子把女人和小孩子归在了一类。夫为妻纲的年代里,因为女人像小孩子,就不能过分地娇惯她、纵容她,不然她就会越来越任性,不知逊让。可你若是疏远了她,又会因此埋怨而让人觉得礼数尽失。尽管千百年来有人对"小人"一词的解读有失偏颇,但其本义,是把女人与小孩儿(小人儿)相提并论,把女人细腻的心思和丰富多变的小心态演绎得淋漓尽致。

同有"褶裂"的成因,但"耍贱"不是无事生非,不是乱发脾气,更不是逼迫男人"逃离"的撒野撒泼,而是在举手投足间对夫君的倚仗和信任,撒娇般的打情骂俏更是另一种尊重。

【全科人】quán kē rén

在天津人的婚俗中有一项重要环节，就是为新人铺床捂被，需要一名"全科人"的妇女亲手而为。所谓"全科人"即是有丈夫、有公婆、有父母、有子女，这是"基本全科人"。更加"全科"的，还要有兄弟姐妹、大伯小叔、大小姑姐。如果再有一帮侄男旺女，就更加"全科"了，会被办喜事的主家抢着约定捂被的差事。

中华民族是崇尚子嗣繁盛的民族，尤在古代，早生子、多生子、生贵子是每个家庭的所愿。在多子即多福的观念中，祈盼生齿日繁、人丁兴旺成了人们的生活追求。在此社会背景下，产生了许多象征多子多孙的吉祥物，例如栗子、红枣、核桃、石榴、花生等。"全科人"在为新人捂被时，要把这些"吉祥物"撒在被窝里，同时口中念叨着吉祥话："一把栗子一把枣儿，来年生个大胖小儿；全科人儿来铺炕，石榴多籽子孙旺；花生撒进被窝中，闺女小子花搭生；放进核桃多和美。哈哈！"如此的"吉祥词儿"并不固定，完全由"全科人"自由发挥，说得越多越有趣，越受欢迎，自然也少不了主家的"谢银"。据说一到结婚旺季，有口才的"全科人"常常被几家争抢，在同一夜晚要为几对新人捂被铺炕，忙的"全科人"如同赶场。

【赶庙】 *gǎn miào*

赶庙,即赶庙会,乃古老的传统民俗和民间宗教信仰活动。赶庙如同赶集,只是在时间上和内容上略有差别。相同之处,都是有许多人赶路而来,或买或卖,满足各自所需,并且享受热烈的气氛和人海如潮的场面。不同之处在于庙会都选在有寺庙的地方举办,以唱戏敬神为主题,每年只有一两个固定日子。而赶集有五天一集、七天一集、十天一集,完全因当地民需所定,没有任何宗教内容。

旧时的赶集,属于纯粹的买卖行为,乡村百姓的生活必需品大多在赶集时采购,清贫的人家需在赶集时采买"农家三必有",即煤油、洋火儿和食盐。农民种粮种菜,再有了"三必有"即可生活。而除赶集功能之外,庙会更多的是满足精神所需。人们来庙会观看高跷、秧歌、小车儿会,以及什样杂耍,当然,最为亮眼的是看大戏。最早在庙前演戏是敬神之举,所以,凡戏台必是正对庙门,另有戏台联句为证,唱戏乃是敬神:"千顷仗恩滋,敢谓饔飧非德食;三日酬神惠,且借俳优表寸心。"

1958 年"大跃进"的时候,庙会的宗教内容被取消,并改名为"某镇某村物资交流大会""新风尚大赶集"。而今,盛世太平,民风追古,庙会又恢复了昔日盛况。

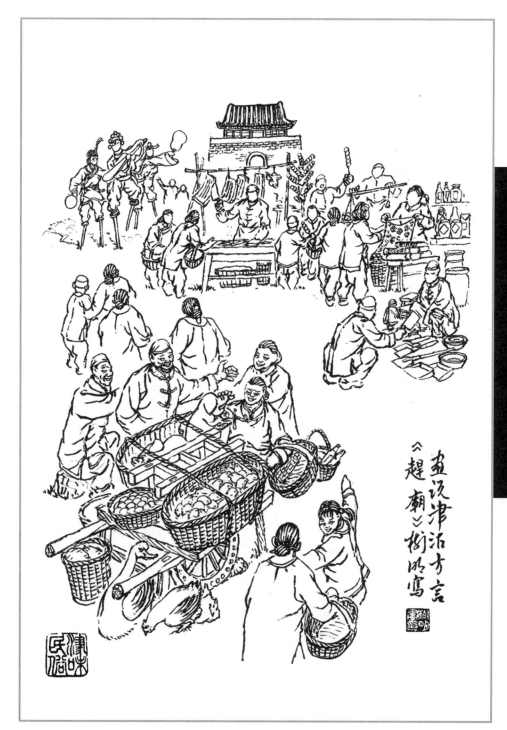

画及津沽方言

《赶庙》树明写

【挂幌子】guà huǎng zi

在生活语言中,常以"挂幌子"比喻"挂相儿",例如:"书法没学两天你就挂幌子了,脸上的黑墨哪儿蹭的?"又如:"某人打着为民造福的幌子,暗地里却谋一己之私。"

在旧时,"幌子"是商店的形象招牌,也称"望子、招子",即"望之了然,招徕顾客"。在文化稀缺、识字率极低的年代,"幌子"不但使商店更加醒目,而且也为文盲带来识别上的便利。"幌",又称帷幔,初指酒家的布招,用布缀于竿端,悬于门外,以招客来,时称"酒旗"。《江南春》:"千里莺啼绿映红,水村山郭酒旗风。""酒旗",即卖酒的幌子。"酒幌"之后商家店铺多有效仿,以行业最具代表性的物品,或放大、或缩小的实物形象,当作招揽顾客的"幌子"。例如:开饭店的就用象征笼屉的箩圈,围拢红色布穗,根据饭店等级悬挂相对数量的"幌子"。如是酒馆儿,悬挂红漆木板做的平面葫芦为标志,隐喻古人以葫芦装酒。药铺挂的是"膏药幌",由四块方形木牌串成一串,每块木牌中心画黑色大圆点,象征膏药。

旧时的商家各有行业鲜明的"幌子",形象各异,色彩斑斓,举目望去,林林总总。"幌子"是商贾市肆的标志,更是一道绚丽的风景。

画说津沽方言
《挂幌子》杨明鸞

【卦摊儿字】guà tānr zì

在书法领域,充斥着大量渺无章法的"怪字",既无出处更无美感,完全是随心所欲、自以为美的"草写",人们将这种鄙俗之书称作"江湖书法"或称"丑书"。"江湖书法"并非新的书体,而是源于旧时代的一种书写现象,嘲曰"卦摊儿字"。

旧时,凡有集市的地方大多都有卦摊儿为人算命占卜吉凶,这种行业称"金"。但"金行"往往伴有江湖骗术,这种骗术要借助"门子"(道具)才能得以实施。卦摊儿上摆放着一张二斗橱柜当作卦台,算卦的先生站在卦台后,向过往的行人忽然高声一喝:"哎!这里有你一卦!"行人往往会被这突如其来的声音吓一跳,有的人便会停下脚步。这时先生一指卦台前的兀凳,高声道:"坐!已等你多时了,今天只为你一卦而来!"行人云里雾里不知所措,只好在卦台前坐下与先生来言去语。先生问过生辰八字、姓字名谁和一些家庭概况后便让这一头雾水的人自己拉开卦台的抽屉。这一拉开不得了,抽屉里一封写着自己姓名的大信封把个本来无心算卦的人惊得是目瞪口呆。拆信再看,信笺的文字密密麻麻,起首内容完全是自己的姓名生辰、家住何方、是否婚配、有无子女等内容,与自己身事分毫不差。凡到此时,即使是无心算卦的人遇到这等"神占"也会施钱问卦了。(接下篇)

画说津沽方言
《卦摊儿字》杨明写

【卦摊儿字】guà tānr zì（二）

（接上篇）这是怎样做到的呢？其实很简单，二斗橱里藏着一人，一边听二人对话一边做下记录，写好后装入信封，抬手插入头顶上方的抽屉中。由于柜中空间狭小光线又暗，而且又要速记，所以字迹潦草干笔甚多。信的后半部分是之前写好的卦辞，同样是字迹草草卦辞难认，如同天书一般。在柜里记录的人，行话称作"瓢子"。这瓢子本是江湖之徒，所以在柜子里写下的信札，时人称为"江湖书法"，也称"丑书"或称"卦摊儿字"。这种如同画符的字体，只在"偏门儿书"中使用，从不与士子阶层的"馆阁体"同言书法。书写"馆阁体"必要有自幼临帖、坐破寒毡之功，且饱读诗书，谙熟经论，才能得以书法之精髓，将古法今功跃然纸上，使人赏心悦目。而"卦摊儿字"只在扶乩画符中流行，从不纳入书法范畴。旧时的写手守得住规矩，毛颖随门各有其主，事事讲个门第，"偏门儿"不会与士子争锋。

而今，写丑书者自知无能写楷，便"重操卦摊儿"腆颜自称为家，行欺于世。且看当下，几人能称翰墨圣手？多是人心浮躁，文化肤浅，自纂一套，欺世盗名。谁人在乎素颜正身的楷书……

画说津沽方言
《卦摊儿字》(二)树明写

津话说叉

【津话说叉】jīn huà shuō chā

"叉"在汉字中是不多见的一字多声的"全声字",即 chā、chá、chǎ、chà。笔者发现只有天津话才可将同一"叉"字在"一句话"中四声俱全。

天津杂技前辈吴连义先生,曾客串电影《大浪淘沙》。在天津天后宫门前,扮演杂技艺人表演飞叉(chā)。其同门师弟孙佳琪先生出道于 20 世纪 60 年代末,也是一位优秀的飞叉演员。杂技属于"苦功行当",每天黎明即要起床练功,其招式大致有撩、打、踢、滚、扔、甩、抛、转等。有一年初冬的早晨,笔者冒猛起早,得知佳琪在利学南胡同与小马路交汇处练功,便不再恋床,去看他如何刻苦和那眼花缭乱的"飞叉范儿"。只见他时而下腰、时而叉(chǎ)腿,天气虽然清冷,但他却是头升白烟、汗流浃背。这时吴连义先生到场为师弟"说活",笔者静心观赏。随着天光大亮,小马路的行人逐渐多了起来,一些行人驻足观看佳琪的飞叉(chā)功夫,这时吴连义先生说道:"佳琪歇了吧!在这小叉(chà)路口儿叉(chǎ)腿、劈叉(chà)、练叉(chā),一会儿看的人多了就把路口儿叉(chá)死了。"笔者闻此,觉得津话有趣,在只言片语中"叉"字竟能"一字四声",如此"字音之趣"抑或只有津话。撰此"叉闻",旧事新说,不仅言叉,一并追念杂技前辈吴连义先生。

画说津话方言
《津话说又》树明鸿

跑媒拉纤儿

【跑媒拉纤儿】pǎo méi lā qiànr

旧时天津人称媒人职业为"跑媒拉纤儿",也作"保媒拉纤儿"。所谓"拉纤儿"即媒人为男女牵线搭桥,使之婚配。

媒人,古称伐柯、冰人,雅称月老、红娘,俗称媒婆。在古代社会,没有父母之命、媒妁之言的婚姻不具备合法性,也不会得到社会认可。即使男女相识,甚至青梅竹马,也要通过媒人曲道求成。所以,有父母之命的婚姻才有"八抬大轿"的迎娶,有媒妁之言的约定才有"明媒正娶"之说。

媒人的起源很早,《诗经》有"娶妻如何,匪媒不得"的诗句,佐证了早在周朝即已有媒妁。在古代律法中有"为婚之法,必有行媒"的规定。按照古代礼制,成婚要经过"六礼",即纳采、问名、纳吉、纳征、请期、亲迎。以白话而言,即媒人问寻、合批八字、发下定金、赠予彩礼、选择吉日、迎娶新人。在每一环节中媒人的穿针引线和跑前跑后都不可或缺,所以称媒人为"跑媒拉纤儿"。旧时媒人多是中老年妇女,故称媒婆。媒婆虽然在婚嫁中扮演了重要角色,但因与"牙婆"经常混为同业买卖人口,或以花言巧语欺瞒婚嫁双方,经常做下嫫母嫁潘安、老翁娶少女的骗婚骗嫁之事,所以口碑嗤鄙、社会地位卑微低下。

画说津沽方言

《跑媒拉纤儿》树仁写

【门当户对】mén dāng hù duì

门当户对,本指中国传统建筑门口的一对石墩或石鼓和门楣上突出的偶数柱形木雕,二者合称为"门当户对",以制式大小多少代表门第等级,并以此特指婚姻关系的男女双方其家庭的社会地位和经济状况是否旗鼓相当。

古人"门当户对"的婚姻观是有其合理性的,乃至今天仍然是择偶的重要条件之一。恋爱是两个人的事情,但婚姻却是两个家庭的事情。家庭的文化背景、生活方式以及家庭氛围,是一个家族几代人养成的生活习惯,而非"一夜造就的书香"。所以,双方家庭的生活习惯和阶层差异,自然会影响到男女本身的交流与融合。

在古代,女子往往"生在深闺人未识,是妍是媸无人知"。媒人说亲能否成功,多是要根据双方家境进行权衡。翩翩公子与大家闺秀自是天作之合,憨实平民与小家之女亦为合理标配。门当户对的婚姻观符合社会的现实环境,但是在某种特殊情况下,这种世俗的观念也常常会把真爱情相隔开来……

现在所讲的"门当户对",已不拘泥于经济原因,而是指家庭背景的影响。男女之间的人生观,彼此心灵的一致相通,看待事物的默契程度,三观认识的几近相同,才会令彼此懂得珍惜和换位思考,造就美满的姻缘。

画说津派方言
《门当户对》树明写

【剁小人】duò xiǎo rén

所谓剁小人,指的是正月初五家家户户包饺子剁馅。

天津人过年俗例儿颇多,从正月初一到初五每天都有说道儿,尤其初五,是"年"的"节",即大年的"节点",天津人称这一天为"破五",即"破五穷",亦称"赶五穷"(智穷、学穷、文穷、命穷、交穷)。"破五"谐音"泼污",清晨要将污水泼掉、垃圾倒掉,以此"送穷",即"赶五穷",也作"赶穷鬼"。随之,市民商号燃放鞭炮迎接五路财神,即正位财神赵公明和他麾下的四员部将,分别是:东路财神萧升、西路财神曹宝、南路财神陈九公、北路财神姚迩益。除此之外,初五最重要的俗例儿就是"剁小人"。天津人认为生活中的种种不顺一定是有小人作祟,这小人不一定是具体的人,也可能是不经意间冲犯的邪灵污秽。剁小人最大的意义是整出金克木的动静,以此吓走邪灵煞星,求得一年清清静静、顺顺当当。

画说津沽方言
《剁小人》杨明写

【河漂子】 hé piāo zi

用天津话言说某人长相膀头肿脸、面无血色,常用"河漂子"形容。例如:"看那人长的,浮浮囊囊,白不呲咧,跟个河漂子似的。""河漂子",水中浮尸也。

清朝末年,地处九河下梢的天津卫,曾有过一支捞尸队,专门负责打捞河中的浮尸。进入民国以后,捞尸队归入警局管理,命名为"五河水上警察队"。老年间,每到汛期,上游而下的洪水时常冲来很多浮尸,俗称"河漂子",滞留在天津境内的河道中腐烂发臭。海河是天津人的母亲河,市民吃水取之于河,"河漂子"不但污染水源,也给市民造成感官不适,捞尸队为清理浮尸、腐尸发挥了重要作用。捞尸队早先为民间自发的"善行组织",队员们人人都有极好的水性,而且颇具胆量。民间传说他们都会驱鬼降妖,有着一身不同寻常的本领:"河漂子"怎样打捞,刚溺水的、寻短见的怎样施救,甚至根据"河漂子"是面朝上还是背朝上,即能准确断出性别。捞尸队在天津解放以后更名为"水上公安",虽然"河漂子"已不多见,但水上救生仍是一项重要工作,而且他们还要承担起救灾抢险、水上安全,以及涉水案件的各项重任。

画说津沽方言
《河漂子》树明写

黑地梨儿

【黑地梨儿】hēi dì lír

在津沽方言中,将相貌黑瘦的女人常以"黑地梨儿"做比喻。例如:"这小媳妇儿人品挺好,就是长相差点,跟黑地梨儿似的。"

黑地梨儿本是生长在湿地的三棱草的根茎,状如丸球,皮黑肉白,含有丰富的淀粉,俗称野荸荠。农人时常以之饲猪,遇到荒年人可充饥。1960年前后的"三年灾害",也给冀中平原地处泛区的"四十八村"带来灭顶之灾,家家户户绝粮断炊,树叶树皮皆被乡民吃光。土地庙前报庙的丧家,因饥饿而无力发出哭声,甚至跪下后再也无力站起。大量饥民相继饿死,屋内横尸,野有饿殍,眼见乡人生途无望。时值阳春,一场大雨过后,漫野的三棱草忽然疯长。不几日,根茎长出了黑地梨儿,饥饿难忍的乡民全体出动,一起挖取这救命的"野荸荠",有的人不等下锅蒸煮便狼吞虎咽。天津当年亦是如此,小稍口、轱辘码、宜兴埠等周边的一些坑洼湿地,长出了很多黑地梨儿,引来饥民前来刨食。时人称此"黑色的小丸球儿"是老天爷赐予人类救命的粮食。

"黑地梨儿"留在人们心中的是饥饿和苦难的记忆。天津话言称某人"长得跟黑地梨儿似的",不只是形容肤色黝黑,同时还含有"一脸沧桑、缺衣少食的悲苦之相"。

画说津沽方言
《黑地梨儿》
树怀写

【起哄架秧子】 qǐ hòng jià yāng zi

同一方言俚语，因地域不同，其解释也多有不同，"架秧子"即是如此。

"北京说"。旧时，一些涉世未深的富家子弟被视为"秧子"，在其身边总有一些不良门客，对京城的吃喝玩乐场所门清路熟。他们做局引诱年轻的公子哥儿（秧子）去此消遣浪游。一通溜须拍马，阿谀奉承，时常把个"秧子"架得神魂颠倒，兴致一来，出手大方，挥霍无度，一伙"架秧子"的人便跟着蹭吃蹭喝，甚至还能得些赏银。曾有坊间传闻，清同治帝载淳年纪轻轻就被身边人架了秧子，出宫眠花宿柳染上脏病，成了"病秧子"，不出一载，便呜呼哀哉。

"天津说"。"架秧子"源自古老的"插秧歌"。在一伙插秧人中有一位领唱者，板式为《七三式》，即领唱人唱出七字歌词，大家一起重复后三字。亦有《七二式》，领唱人唱出七个字，如是"怀来辙"，大家一起"嗨嗨"，前嗨长，后嗨短。如是"由求辙"，大家一起"噢噢"，亦是前长后短。"搭架子"的众人按照领唱的辙韵接哄同辙字眼儿，这多人的接后腔，称为"架秧子"。唱词内容多为男欢女爱，而且唱一句接一句，所接之句，听起来像起哄一般，所以称为"起哄架秧子"。

画说津沽方言
《起哄架秧子》
树明 写

三伏炖鳎嘛

【三伏炖鳎嘛】sān fú dùn tǎ ma

　　旧时的天津人,在暑气熏蒸的伏天里,常会舍弃贪财逐利的勤奋,过起闲适的懒散生活。清晨,有妇人户外晨练,或有老者出门遛鸟,归程总要到鱼市转转,打探"今日"鲜鱼水菜的价格。买回几条鳎嘛,或熬或炖,或蒸或烧,为"苦夏"的家人调剂口味,滋补身体。如此情形,在天津街面儿习以为常。据药典所言,常食鳎目鱼可祛风湿、活血通络,并有降低胆固醇、增强体质的作用。但是,天津的"吃主儿们"并不在乎它的食补功效,而是侧重其美味口感,一饱口福当是首选。

　　天津的"讲究人儿"炖鳎嘛,从来不做"一餐净",一定要过量烹饪,为的是下顿吃到回锅鳎嘛。回锅鳎嘛是将上顿饭剩余的鳎嘛二次加温,再次出锅会使肉质变紧,而且更加入味。食之,口感佳妙,方能满足美食家的味蕾所求。（接下篇）

画说津沽方言
《三伏炖鳎嘛》 柯以写

251

三伏炖鳎嘛

【三伏炖鳎嘛】sān fú dùn tǎ ma（二）

（接上篇）天津人在三伏天里炖的鳎嘛，总要比在凉爽的季节里炖得咸口略重一些，为的是补充因出汗身体流失的盐分，另外，也是为了隔夜保存不易变质。在此方面，天津主妇尤为精明。

在相声名段中有句绕口令"打南边儿来个喇嘛，手里提拉五斤鳎嘛……"演员说到此时，如果观众有人敢问"喇嘛是哪儿的人呀？"捧哏的一定会接茬儿："天津人呀。"观众："噫……"必然表示极大认可。

三伏炖鳎嘛，是天津人骄阳下的进补，是酷暑中的美食，更是"卫嘴子"的讲究，讲究的人多了，讲究得久了，便成了天津的一种饮食风俗。

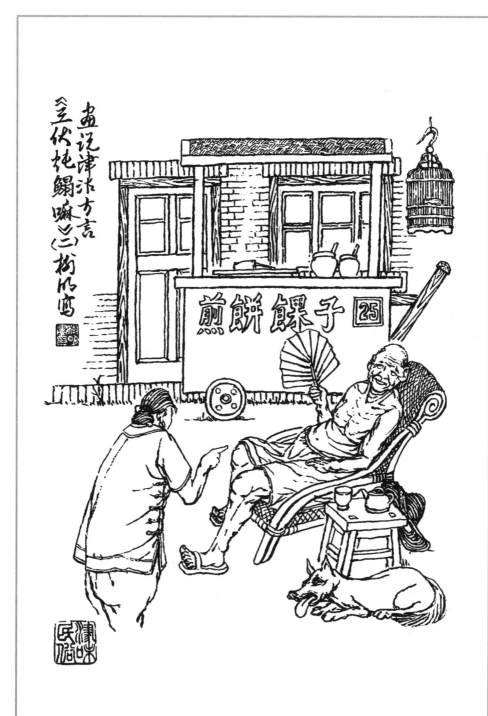

画说津沽方言
《三伏炖鳎嘛》（二）树仁写

煎饼馃子 25

【药吊子煎药】 yào diào zi jiān yào

老天津话称煎药的砂锅为"药吊子"。在天津人看来,用"药吊子"煎药有很多讲究。

首先,煎药人一定是患者的至亲,在煎药过程中视线不能离开药吊子,确保不能干锅、溢锅,要掌握好火候,而且还要遵守煎药的各种规矩。最为重要的是煎药时不能吸烟,以免烟灰掉在药锅中。据老辈人讲,烟灰一旦与汤药混合就会变成毒药。另外,煎药人绝不能在药锅前掏耳朵,据说耳垢(津话:耳碎)落在汤药中,患者服用后会变成哑巴。再有,煎药的位置也有讲究,不能在房檐下或靠近墙壁的地方煎药,据说壁虎、蜈蚣、蚰蜒(钱串子)闻到药味后,其爪会失去吸附力,因而从墙壁脱落掉在锅中,与沸汤混合后更是毒中之毒。从炉火上端下的热药锅不能放在木板上,不然药锅极易破裂,这也是人们常说的"砂不见木"。在老年间,药锅不能放在灶台上,因灶台的后墙上贴着灶王爷像,灶王爷只能敬吃食,摆放药锅即是对灶王的不敬。除此之外,女人内衣也不可在灶间亮相。如果药锅是借来的,用后不可主动归还,要等着人家用时自来索取,送药锅等同给人家送病。(接下篇)

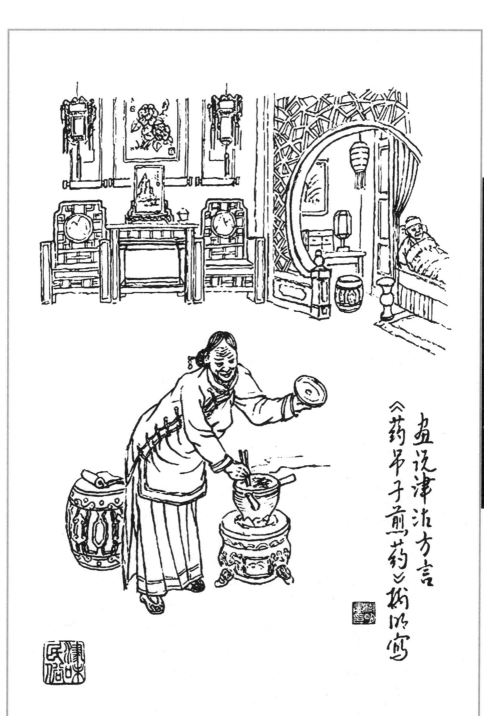

画说津沽方言

《药吊子煎药》柳明写

【药吊子煎药】yào diào zi jiān yào（二）

（接上篇）也因于此，药锅借出去时间一久，经常会忘记借给了谁，无锅可用，只好再买。不知这规矩是不是卖砂锅的商贩编造的说辞。煎药不但要守住这些规矩，而且更玄乎的是在煎药过程中不能乱说话。比如"这药管用吗？""那大夫行吗？"等，一切对中药、对大夫质疑的话都不能说，以免把良方的药力"说破"。如此规矩，良莠参半。虽说有的"规矩"并无科学依据，但在"宁可信其有，不可信其无"的观念中，信守老例儿，也算有益无害。至于规矩中的糟粕，也不乏并存其中。比如药渣的处理方法就很不妥：多少年来，人们一直延续着"药渣要泼洒在路上，让过往的行人把疾病带走"。先不说如此做法何等迷信，单说破坏环境卫生、给他人带来"脚下不便"就极不可取。为了自己康复而让他人带走疾病，这种自私的不善之举，本非中医良方，而是旁门左道附加给中医的巫邪之术，也有悖于"积善积福，恶业有报"的佛家思想。如此既无道理，又会诱发人性阴暗心理的歪理老例儿，在如今文明社会里，理当彻底抛弃。

画说津沽方言
《药吊子煎药》之（二）
树明画

三伏晒霉

【三伏晒霉】sān fú shài méi

　　赤日炎炎、暑气逼人的盛夏，人们称太阳为"毒日头"，甚至对夏日骄阳多有几分烦恼。若换个角度思考，烈日阳光又何尝不是上天赐予人类的资源？旧时的文人雅士，在岁时节令中，无论酷夏还是严冬总能造出风流。"三伏晒霉"是利用"毒日头"给予大地的祥光来曝晒易霉什物，由此引申出了读书人"伏日晒书"的风雅趣事。

　　农历六月六的曝晒习俗有着悠久的历史，这一天被定为"曝晒节"，节前节后的日子都是曝晒节的延伸范围。在这段时间里，人们充分利用强烈的阳光晾晒衣物、粮食和书籍，以免其在伏天霉变。老年间，曝晒活动十分广泛，寺院道观有之，田家俗众亦有之；宫廷官府有之，士子商贾亦有之。伏天所需曝晒的物品极其繁多，有皇家的龙袍，亦有佛家的经书；有农家的粮食，亦有文人的书籍；有店铺的皮棉布帛，亦有作坊的材料库存。虽然"百家齐晒"，但最具风雅的曝晒活动当属晒书。

　　旧时的线装书籍，其用纸多为天然的木浆、棉浆和草浆，辅料甚少，而非今日在纸浆中添加了"聚丙烯酰胺、增白剂、絮凝剂"等诸多化工原料。因而，古书虽为"天然"但却极易被虫蛀。（接下篇）

虚汉津沽方言
《三伏晒霉》拘仁写

【三伏晒霉】sān fú shài méi（二）

（接上篇）晒书本来是客观需要，无非是利用强烈的紫外线消杀书中蠹虫、防止暑热滋生霉菌而已，本不为奇。然而，在我们这个崇尚文化，士子阶层占据社会高位的国度里，凡拥有书籍、饱读诗书者便会受到尊崇。文人墨客在曝晒节里无不翻箱倒柜，搬出书籍曝于庭院。在晒书的过程中，友人之间来来往往，相互翻阅对方书籍，此时即可轻松地欣赏到自己缺少的书类。这个过程亦是国人最古老的"图书交流"时光。士子们的曝书活动，在有意无意之间向人展示书籍的同时，也谝显了自己广览博学以及社会地位，并以此来赢得时人尊重。书香之家百卷曝于庭院，主人自嘲谝书，不但无人嘲笑，反而多有亲朋艳羡其雅。

旧时的晒书活动是件雅事，亦很盛行。清人有诗云："三伏乘朝爽，闲庭散旧编，如游千载上，与结半生缘。"道出了三伏晒书的情景。亦可想见：读书人左手持扇，右手翻晒书籍，时尔香帕拭汗，时尔吟诵章句，此情此景，"毒日"不毒，如是祥光暖暖，士子风流的曝书画卷。

画说津沽方言
《三伏晒霉》（二）杨明鸾

【嚎丧】háo sāng

"嚎"指发声力度之大,调门之高。"丧"指家中白事。

旧时天津,家中死了人,操办白事,都要搭设灵堂。灵堂正中供桌下设一个火盆,可供焚烧纸钱。家中孝子贤孙跪在灵堂两边守灵。

凡是前来吊孝的亲朋好友,都要根据辈分,给亡者磕头、行礼,主家磕头还礼,以表谢意。

也有情深意切者,痛哭几声表示哀悼。亲人过世,家人悲痛,因各种原因闹丧的事,也时有发生,嚎丧就是闹丧之一。

对逝者的不公,对生者的不满,借灵堂哭丧发泄。边哭边诉,向公众宣泄不满,进行内心的发泄,嗓门儿越来越高,哭腔达到嚎的程度。

也有假孝子,为了向世人表示尽孝之道,花钱雇来专业团队为丧者哭灵,调门越高,花样越多,给的钱就越多。

随着物质水平的提高,嚎丧现已很少见到。

盘说津沽方言

《嚎丧》构明写

沉痛悼念王公正品大人

家范長存

【打死卖盐的】 dǎ sǐ mài yán de

这是一句责怨饭菜做咸了的玩笑语或牢骚话，出自古时豫州，即今日河南。

河南地处中原，远离沿海，古时盐入豫地多靠马帮贩运，由于战事频发，草寇猖獗，食盐经常荒市缺货。但人离不开盐，开门七件事：柴米油盐酱醋茶。盐为"五味之首"，无盐的生活必然食无味、体无力。所以，经常断货的食盐在此变得极为金贵。

据传说，在一僻壤穷乡，盗匪横生，而且乡民不以为耻，所以，外埠商贩无人敢涉足如此蛮貊之域。曾有俗语詈辱此地："穷山恶水，淫妇刁民，老爷们儿出门去劫道，如若你从村中过，老娘们儿碰到也不饶。"乡风如此恶劣，谁人还敢只身前往？事有凑巧，一懵懂盐帮因迷路而误入此地，不幸被一伙强人谋财害命，劫了驴马和盐包。村人闻听得了"外财"，齐来"吃份儿"，杀牲煮肉好不热闹。平日因盐巴稀缺，不敢奢用，而此刻劫了盐包，便大方地向锅中投盐。但早已习惯了饭菜寡淡的人们，无不埋怨驴肉过咸。不知情的乡人问其缘由，知情者答曰："打死卖盐的了。"村人不以为恶，反而哄笑。之后，依此事件省说成典，言称饭菜过咸便以此语打诨。

旧时，黄河经常泛滥成灾，有豫人逃荒来到天津，并将此语一同带入津门，久而久之，人人相传，便成了津沽方言俗语。

尽说津沽方言
《打死卖盐的》树明写

碰瓷儿

【碰瓷儿】pèng cír

民国时期,天津河北堤头、杨桥至小王庄儿一带,曾经有过一支"小齐队"。这"小齐队"并非官民组织,而是当地人们戏称一帮齐头齐脑的坏小子的雅号。"小齐队"的人数并不固定,时多时少,都是贫苦人家的孩子,一帮穷孩子聚在一起,难免做出一些既可笑又可气的勾当。几个人在饭馆附近的土箱子里捡只破碗,河边洗干净了,去小杂货铺儿打二分钱面酱,让年龄小的端着,专往人群堆儿里挤,找个"长打扮"的、文质彬彬面善的人,小坏小子端着面酱碗与此人侧身一撞,破碗打了,面酱洒了。坏小子顿时坐在地上嚎啕大哭:"你赔我面酱呀,回家我妈妈打我呀…"呜呜地哭个不停。这人还走的了?敢走就用粘满面酱的小手儿抓你大褂儿。大人没辙,只好掏钱了事儿,拿出两毛钱赔他面酱和碗。二分钱的面酱本钱,净赚一毛八。时间久了被人识破,人们便将这"狗烂儿"行当叫做"碰瓷儿"。那一带的大人们经常嘱咐来串门儿的亲朋好友:"走道儿看着点儿端面酱的,躲开那碰瓷儿的!" 这就是"碰瓷儿"的来历。当时也有说"碰面酱"的,后来"碰"的广泛了,也就没人再说"碰面酱"了,只留下了"碰瓷儿"。

【闷葫芦罐儿】 mèn hú lu guànr

天津话以之比喻所居住房昏暗狭小、密不透风。

在过去的年代，一些百姓的居住条件十分简陋，十来平米的房间，一家老小生活起居皆在一室之内。尤到盛夏之际，前邻咫尺，后无开窗，既无电扇更无空调，外面骄阳似火，屋内憋闷不堪，低矮的小房子实在让人透不过气来。凡到此时，天津人便牢骚满腹："哎呀！这屋里跟闷葫芦罐儿似的，热死人啊！"

"闷葫芦罐儿"本是旧时的百姓储钱用的一种盛具。陶制罐形，顶端开一窄口，可放入"方孔圆钱"，待钱装满之后，要将其打碎方能拿到平日积攒的"铜子儿"。此器古称"扑满"，"扑"者击也，意思是打破装满钱的瓦罐，故名。"闷葫芦罐儿"形制不一，有的还在腹部留有小孔，以便系绳悬于房梁。

老年间，小土窑烧制的"闷葫芦罐儿"大多与瓦盆和儿童玩的模子一同烧制，出窑后，由走街串巷的"挑担郎"吆喝着贩售。也有以旧鞋换娃娃的小贩兼售此物。

天津话诙谐而丰富，总能在平淡的词汇中恰如其分地找到借以描述心情与环境的字眼儿，"闷葫芦罐儿"即是如此，将语义延伸，把不善言表、闷头闷脑的人也以此语做比喻，例如："看他不说不道儿，跟个闷葫芦罐儿似的，其实心里比谁都有数儿。"

盡說津沽方言
《闷葫芦罐儿》
树明写

【鳎哄】tǎ hong

　　天津话的"鳎哄"一词,是由戏法儿艺人言说的"春典"演变而成的市井语言,本意是"几人凑合一起撂地儿谋生"。"鳎哄"是津沽方言"混鳎嘛"与"起哄"的合并语,"哄"读轻声,俗称"摊儿混",也称"坦儿哄",之后泛泛使用,逐渐成为天津方言。

　　旧时,天津的撂地儿艺人多在三不管、地道外、鸟市儿等地谋生。艺人不但要有好身手,更要有一张如簧巧嘴,春典称为"纲口",即能说会道、幽默滑稽的生意口,能否留住四周的看客,全看艺人"定场"的口才。常言道:"光说不练嘴把式,光练不说傻把式,又练又说真把式。"使活的艺人,手一份、嘴一份。但日复一日的表演,总会有技艺用尽的时候,所以要靠"纲口"拉长时间,以便吸引看客、留住观众。每每场上"使活",场下必有"鳎哄"帮腔,一打一托,使其节目显得更加精彩。旧时看玩意儿付费,靠的是"君子打赏",即打零钱,给多给少全凭观众心情,所以,跟着一起"鳎哄"的候场艺人,在营造氛围方面发挥着重要作用。

　　天津人常把"春典"当作生活语言使用,例如:杠房接"白活儿"尚缺几位打旗锣伞仗的帮衬,此时,大了会找到几位同行:"哥儿几个,今儿个有档儿,一块儿鳎哄吧!"换言之,"鳎哄"即津话俗语"惹惹、掺和"之意。

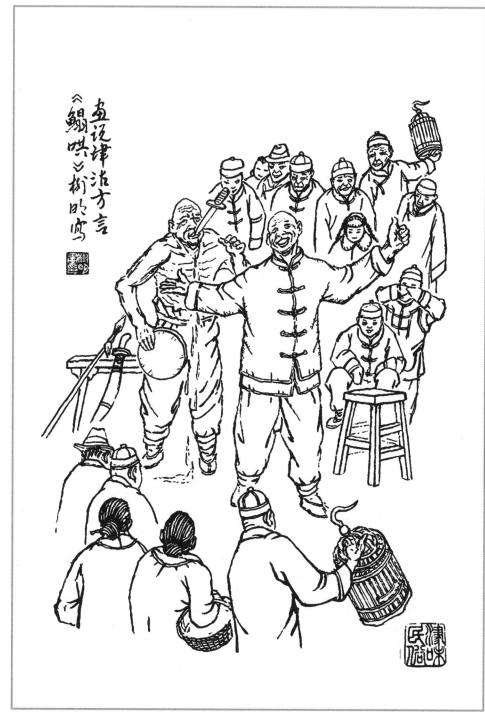

【四六儿不懂】sì liùr bù dǒng

此语为"数字化"语言。在汉语中,无论是成语还是口语,都是常用的省略语。"四六儿不懂"是天津人用以指责、形容某人做事没有教养、不懂规矩的一种口语表达,乍听起来有些粗俗浅陋,但究其语源却蕴含了诸多的文化信息。"四六"指的是"四维六艺","四维":礼、义、廉、耻;"六艺":书、数、礼、乐、射、御。"四六儿不懂"如言"不懂礼数、了无技能"。

旧时,有卜者专以笔画测字,向人言说道理:"天四划,地六划,以四六隐说天地人伦,不懂四六无异如此,乃愚陋之人也。"而布衣百姓则以为:"四六相加为十","十"者为"满"为"全",言称"四六儿不懂"如说某人满不通人情、全不懂规矩。

如上之辨,从学人到百姓,几种解读其义相同,都是告诫人们做人要端正守礼,不可妄为。

语例:"这个人四六儿不懂,做事儿不挨着。"

画说津沽方言
《四六儿不懂》
树明写

【七月桃汤】 qī yuè táo tāng

天津是个移民城市，各地风俗在此相聚融合，逐渐演变成本土风俗。"七月桃汤"即是传入的风俗之一。

七八月份是本地桃子下果的季节，按照习俗人们要尝鲜桃、饮桃汤。"桃汤"是将桃子切瓣儿，加入冰糖煮汤而成。饮桃汤不仅对低血糖、贫血者有益，还对肝病、肺病患者有积极作用。除此之外，由"桃"引申的祈福文化更是天津人的精神美味。在"泛桃"民俗中，对桃的崇拜滥觞繁多，有"玉桃服之长生不老"之说。先民坚信桃乃延年益寿之果。在民间祝寿习俗中，常以面制桃形，称寿桃，以示贺寿。桃文化中，对桃的赞美更是不胜枚举。《诗经》："桃之夭夭，灼灼其华；桃之夭夭，有蕡（fén）其实；桃之夭夭，其叶蓁蓁。"《桃花庵歌》："桃花坞里桃花庵，桃花庵里桃花仙，桃花仙人种桃树，又折花枝当酒钱。"有关桃树桃枝、桃花桃果的诗词歌赋多如牛毛，传说、典故更是不乏充耳。

天津有句俗语："桃养人、杏伤人，李子树下埋死人。"此语在贬低"杏李"之余，为的是标高桃的价值，可见"桃之夭夭，有蕡其实，趋吉之果，非同别类"。天津人饮"七月桃汤"不仅是口福之欲，更是要借助其来驱除霉晦之气，逢凶化吉。

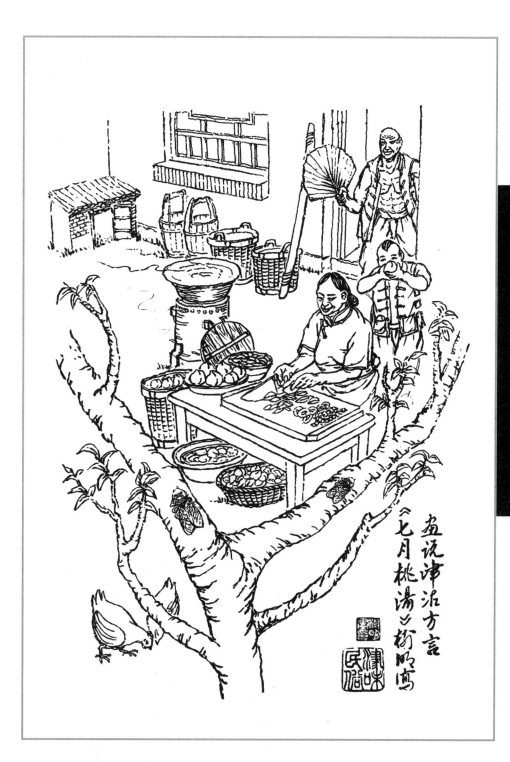

画说津沽方言
《七月桃汤》杨明画

【拴马桩儿】 shuān mǎ zhuāngr

在耳屏前长出的小肉赘儿,学名称"副耳",天津话叫"拴马桩儿"。"桩"字读儿化音——"桩儿",而不是"桩"。

拴马桩是古代拴马用的石桩,一般竖立在富庶人家的门前,桩下置放上马石,为的是上马方便。深宅大院、高阶朱门,外竖繁雕拴马石桩,必是富贵人家。而"拴马桩儿"则是长在耳前的小肉瘤儿,但这小肉瘤儿在相面人看来很有说道,认为生此耳相是大贵之相,必走官运。老天津人深信,长了"拴马桩儿"的人,必是吉人天相。

画说津沽方言
《拴马桩儿》杨明霞

【出圈儿】chū quānr

  在生活语言中,经常使用"出圈儿"一词,例如:"这猴儿孩子真是玩儿出圈儿了,竟然模仿上吊,多危险啊!""即使当官儿也要守规矩,出了圈儿照样被'双规'。""咱的活动不能搞出圈儿,要在法律允许的范围内开展。""圈儿"是什么?"圈儿"是行为规范、是世俗约定和法律界线。一旦"出圈儿"必将导致道德沦丧,灾祸频生,乃至社会动乱。

  "出圈儿"一词,源自上古时期,皋陶掌管司法"画地为牢",即在地上画个圆圈儿,将人犯囚禁其中,如若人犯胆敢出圈儿,不但罪上加罪,甚至会有杀头危险,所以,人犯会老老实实居于圈儿中。如此,并非"圈儿"的威力,而是"圈儿"代表着法律和权力。"圈儿"的含义极为广泛,国境线是"圈儿",没签证的出入,即是偷渡;古代的长城是"圈儿",没有通关文书强行进入,即是胡马入侵;宅院的围墙是"圈儿",未经主人允许的破门而入,即是私闯民宅;监狱的电网高墙是"圈儿",犯人不按规定的外出,即是越狱。"圈儿"虽浅白,其义至深。人类生活,无论怎样的自由,都要在"圈儿内"行事,因为"圈儿"是规矩、是法度、是约定,一旦打破即是"出圈儿"。

画说津沽方言
《出圈儿》树明写

【搅局儿】jiǎo júr

在旧时,称赌场为"宝局",投注为"押宝"。

在宝局押宝的赌徒一旦输红了眼,常以斗狠耍横、赖账讹钱的方式来"搅局儿",京话称此为"跳宝",天津话则称此为"切局儿"或"搅局儿"。开设赌场的"庄家",遇有"切局儿"的亡命之徒,往往先以江湖礼数对待对方,但是,如果遇到横心切局儿、搅局儿的主儿,也不能任其猖狂。虽然宝局不是水泊梁山,但也都有黑道背景。那些拿命换钱的混混儿,来赌场"切局儿"并非容易得手,按照江湖规矩要有"四见红"的胆量。"四见红",即是身体的前后左右四面见血。"切局儿"的混子,先是掀翻桌子造出阵势,然后蜷膝护胸,双手抱头护着太阳穴,霸气地说道:"来吧爷们儿!你爷我要哼一声就自己爬着出去。"宝局的打手闻此之言便开始拳打脚踢绝不手软。遵照道儿上规矩,宝局的人不会使用刀斧伤人。常言道:"会打人的打一顿,不会打的打一棍。"大家心里清楚,一旦打死了人,官府抓人封局得不偿失。开设宝局为的是求财,不是为了害命,所以,使用棍棒也要巧打,即使打烂搅局儿的腿骨、敲断四肋,也不会置人死地。如果搅局儿的混混儿在暴打中发出"哎哟"之声,即为"叠了",但要挺过这皮肉之苦,庄家言必守信,会让这亡命的混混儿,待身体痊愈后来宝局"拿份儿"。

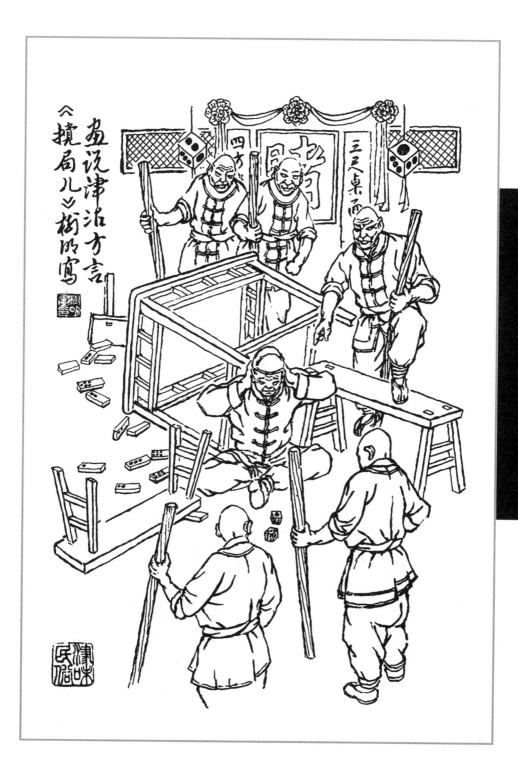

【肝痨气臌噎】 gān láo qì gǔ yē

津话有俗语："肝痨气臌噎，阎王爷撒的帖。"后句也作"阎王爷请的且"。"且"，在方言中即亲戚朋友或客人。此语以四种疾病形容病入膏肓者将不久于人世，省说为不治之症。"肝"指肝病，以今人之说即肝癌；"痨"，旧指"肺痨"，现代医学结论为"结核杆菌侵入体内引起的感染"，是一种慢性和缓发的传染疾病；"气臌"，其症胸腹胀满，青筋显露，肤色苍黄，四肢消瘦，直至腹水而亡；"噎"，民间称"噎食、噎膈"，近似食道癌。在医学落后的年代，凡罹患如上四种疾症，以民间之说，如同被阎王爷下了请帖。无论贫穷富贵、高官百姓，皆对此类病症充满极大恐惧。在旧时，患者家属一旦知道病情，便会在悲痛之中为其悄然准备后事。在无药可医的情况下，常有患者亲人执迷仙家邪术，用黄纸写上对应的"病名"，例如：患"噎"者即写上"某人噎食消疾"，然后于夜晚伴以"送鬼钱"一同焚烧。也有在"寿衣"中放入大葱的，"葱"谐音"冲"，并且葱味辛辣，瘟神惧怕，以之冲走病魔。如此陋俗，虽无仙术显灵，但亲情难舍，照样去做也是无奈之举。

如今医学有了巨大进步，先前的多种疾病，现已不在绝症范畴，"肝痨气臌噎"未必是"阎王爷请的且"。

画说津沽方言
《肝癆气臌噎》
樗明写

【不知深浅】bù zhī shēn qiǎn

比喻不明利与害、不知高与低,不懂言行之分寸,其语义有如"关公面前耍大刀、班门弄斧"等不明真相、不知道某些事情的危险性而鲁莽行事。

天津有句古老的俗语:"在家怕鬼,出门儿怕水。"意思是说,在家的时候知道前邻后舍哪间房里有过上吊的、哪间屋里有过横死的,所以怕鬼。出门在外到了陌生之域,江河湖泊、沟塘池渠,哪里暗流湍急、哪里水深水浅,危险何在一概不知,所以初到异乡不敢贸然涉水。常言道"初生牛犊不怕虎",小孩子阅历浅、经验少,鲁莽冒失姑且能被人们理解,但是如果一个成年人办事总是不分轻重,贸然行事,就只能反映出此人智商、性格、家教等多重因素的缺失。"敢拿鸡蛋碰石头,并非勇敢之士,实为鲁莽之人,乃是于事理面前不知深浅者"。天津有句俗语:"水不试不知深浅,人不交不知好坏",被人们广泛流传。"不知深浅"由俗语而出,其理直白,寓意深刻,众口相传,逐成典句。

语例1:"这孩子手太欠,竟敢摸电风扇叶,太不知深浅了!"
语例2:"你不知深浅,这事最好别管。"

盘说津沾方言
《不知深浅》树明画

内掌柜

【内掌柜】nèi zhǎng guì

　　旧时男人向外人介绍妻子称为"内掌柜",换言之,即"内当家的",以谦词而言则称"贱内"。古人以家门为界,出门则外,进门则内,"内"是家的概念。言称妻子为"内掌柜",实则是男人对妻子的敬重之语,以白话而言:"这是我家主事儿的人。"

　　老天津人向人介绍妻子,常说"这是我家里的",此语多被今人误解,认为是对妇女的轻视,实则不然。尤在古汉语中,对妻子的繁多称谓,不能只识其表,如"拙荆""糟糠"。男人对他人称自己妻子"拙荆",是谦中藏爱的称谓。拙:无才,笨也。古人云:"女子无才便是德。"在古代,人们将"德"看得比"才"更为重要,言称妻子"拙"(无才),其伏笔正是要隐说妻子是有德之人。"荆",本意指落叶灌木,以荆条为钗,管束发髻,本无轻蔑之意,无非道出一个"贫"字。中国有句古语:"贫贱之妻不可休。"为何不可休?因为"共患难",因为"与我过过苦日子"。"糟糠"亦同此理,古人云:"糟糠之妻不下堂。"这如言"不可抛弃共同度过苦难岁月的妻子",所以说,无论是文言的"拙荆、糟糠",还是白话的"内掌柜,家里的",本无贬义,皆乃大丈夫谦饰之辞,并且从中体现了对妻子的一份牵挂、一份责任、一份爱惜。

盘况津沽方言
《内掌柜》树明写

供尖儿

【供尖儿】 gòng jiānr

　　天津人在祭礼中,将摆成塔状的供品、最为顶端的糕点或是水果称为"供尖儿"。在文人笔下曾有描述:"谁吃到供尖儿,谁就最有福气。"自古至今,天津人有吃供尖儿祈长寿的习俗。

　　旧时清明扫墓,祭奠故去的亲人,首先为坟茔除草添土,然后点燃香烛、设摆供品、焚烧楮锭。单为阴,双为阳,通常摆放的贡品要为单数,但也有个别地方或民族恰好与之相反。至于用来祭拜的水果、点心、花糕、馒头、饺子等,并无固定要求,完全取决于自家的习惯。人们历来推崇"侍死如生",把祭品美食供在亡亲或先祖坟前,即为尽心、尽孝、尽礼,并以此表示对故人的敬慎与追念。待祭礼完毕,大人将供尖儿赏给自家小孩食之,也有众人分食,希望得到先人庇佑。

　　老年间,在家族坟地中,清明祭祖时人人都要为祖宗坟添土,所以祖宗坟最为高大。塔型的供品对应着坟茔的排列形制,供尖儿喻为最长者,最长者的阳寿加阴寿必是最长,所以,吃供尖儿意味着向祖宗"借寿、求寿"。

画说津沽方言
《供尖儿》树明写

【假门假事】 jiǎ mén jiǎ shì

　　在旧时的男权社会中,女人出嫁后要随夫姓。例如:蒋公中正的夫人宋美龄在"官文"中要称"蒋宋美龄";孙中山先生的夫人宋庆龄被称为"孙宋庆龄",时人尊称"孙夫人";中国台湾原国民党主席连战,其夫人连方瑀,本名方瑀,冠以夫姓后称"连方瑀"。在 1949年之前,两岸三地的女人出嫁后,要在名字前加夫姓。但普通人家的媳妇,于婆家大多隐去出嫁之前的名字,族人只按照伦理辈分称呼,如"大嫂、二婶、三娘、舅母"等。若被外姓人称呼,则冠以夫姓,如"张嫂、刘婶、王娘",如此称谓完全隐去了女人婚前的姓名,在正式行文时,也只写"某门某氏",例如张女嫁给刘男,便称"刘门张氏",《红楼梦》中的王熙凤嫁给贾琏,就称"贾门王氏",如果真有贾姓女子嫁到贾府,那就真是"贾门贾氏"了。

　　天津话按照"贾门贾氏"的谐音,言说装模作样的人为"假门假事",也作"假模假式"。例如杨朔《三千里江山》:"我看你是贾家的姑娘嫁同姓,贾门贾氏!明是熊蛋包,还要往自己脸上贴金。人家姚科长就是比你英雄,有什么好说的?"

画说津沽方言
《假门假事》树风写

礼义廉耻

醋坛子

【醋坛子】cù tán zi

　　唐王李世民麾下有位重臣,名叫房玄龄。传说房玄龄的妻子强蛮凶悍,霸道无比,因老家在河东(河套之东)被时人戏称"河东母狮"。每当"河东狮吼",玄龄体似筛糠不敢直言,惧内之名远近皆知。

　　一日朝罢,李世民唤房留步,念其功高,欲赐美女数名以做婢妾。谁想玄龄不从,婉言相拒。李世民打趣说道:"卿不为美色所动,深爱发妻,感情如此专一,乃正人君子也。"玄龄不敢妄受称赞,吐出实情:"臣非仙体,何能无欲,只缘内子泼悍,行事粗鄙,容不得双雌共处。"李世民以为推托之辞,便召其妻上殿以试真伪。太监持捧一坛"毒酒"送到其妻手中,李世民道:"龄为社稷苦身焦思,肝脑涂地,不曾计利扬功,刻下,朕欲赐美色与龄,闻尔誓死不准爱卿纳妾,现有鸩酒一坛,汝有两选,其一,饮鸩,以示恒心不改;其二,允夫纳妾,以表妇道贤良。"谁知龄妻面无惧色,妒火中烧,强颜做笑,撇下一句"宁死不允",便将鸩酒一饮而尽。然,龄妻所饮并非鸩酒,而是一坛山西米醋,实则李世民以此试探其心。如此悍妇,确系凶蛮,不但妒心之大,而且吃醋一坛已属狂妇,自此,李世民深信龄言,赐美作罢。之后,龄妻再添另一诨号"醋坛子"。

　　津话以此为典,如其本义,比喻男女相恋时因第三者的介入而发生某一方争风吃醋的嫉妒情绪。

画说津派方言
《醋坛子》杨明写

穷养儿富养女

【穷养儿富养女】 qióng yǎng ér fù yǎng nǚ

　　早先,天津人在教养子女的方法上,常说"穷养儿,富养女"。如今,移风易俗,其已不再被人接受。至于古人的"教子益方"更是为现代文明所摒弃。但为什么要穷养儿富养女?先辈人有着他们朴素的认识和经验之谈,认为养育孩子,从零到一岁,要当植物养,只要他们身体健康,大人尽可安心,无需说教。因为此时的孩子尚在"无意识期",如同花花草草一样;一至三岁要当宠物养,爱他、疼他、管教他,无需讲道理,要硬性管教,硬性规定孩子的行为,使之养成良好的习惯;三岁至六岁,孩子尚在人兽之间,教育他们要文武并用。文,是告知人的行为准则,武,是纠正错误、强化认识;六至九岁开始文化的启蒙教育,讲道理使其明辨是非,小错说教不动武,大错动武要适度,尤其对待女孩儿绝不能动武。曾有位"成功母亲"说:"孩子小的时候,男孩儿和女孩儿要区别对待,女孩儿要富养,按照自家的经济条件,尽量让闺女吃过见过,不在小伙伴面前露怯,女孩儿比男孩儿更有自尊心,这是天性使然。富养女,为的是不让女孩儿在外人的金钱物质面前动心起念,要端正三观,知耻守礼,方能自尊自爱。不然哪个嘎小子用一张糖纸就能把闺女引诱走了。"

（接下篇）

画说津沽方言
《穷养儿富养女》
柯明写

【穷养儿富养女】qióng yǎng ér fù yǎng nǚ（二）

（接上篇）天津卫有句俗语："宁娶大家奴，不娶小家女。"嘛意思？大家的丫环跟随主子吃过见过，受过训教，遇事胆大心细，知礼守节不慌不乱。而小家之女，窝在家里，做事愞窝子，没见过世面，哪里上的了台面儿？所以说，闺女要富养，让她吃过见过，将来出了嫁才不会成为馋嘴婆，见过世面的女子，婆家人自然也会高看一眼。至于男孩儿，少年时不可娇宠，要劳其筋骨，强其体魄，让他懂得只有付出才有回报的道理。男儿当自强，长大后他要娶妻生子，顶门立户，宠溺之子怎能胜任？时至今日，先辈人的"寒门出孝子，棍棒出真才"，虽然有时代的局限性，但笔者认为，千百年的经验总结不应一概视为糟粕。

当下的校园斗殴、个别学生放浪不羁、骄奢淫逸，女孩子为了金钱出卖肉体、男孩子缺乏阳刚之气、而立之年仍在啃老，更有甚者打骂父母和老师，如此现象已然成为社会之弊。把教育完全推给老师和学校是不对的，校园是传授知识的地方，家庭才是道德教育的第一课堂。尤其是九岁之前的品行塑造，是每一个孩子最为重要的基础教育，而这个教育过程，恰恰是孩子的监护人要负起主要责任。

【三合院儿里说东西】sān hé yuànr lǐ shuō dōng xī

　　旧时的天津卫,城里中产阶层的小富人家,大多喜欢居住在一套三合小院中。一明两暗的三间青砖北房,加东西各有二至三间的厢房是最常见的院落形制。一家人独居在小院中,关起院门,清幽安适的环境隔离了街面的喧杂,仿佛置身在世外桃源。尤其在夏秋之季,一株蔓藤,或是葡萄或是葫芦架下,小木桌上几只茶碗,青花壶里泡上茉莉香片,听着啾啾虫鸣,把盏品茗很是惬意。老者放下手中《春秋》《礼记》一类的古书,一抒霜鬓,自斟一碗辨味细品,咂一砸嘴,自语道:"正兴德的新茶奏是地道,入口微涩,润喉醇甘,好茶呀!"年轻的晚辈要等茶温渐凉,才会狂饮几口,然后继续阅览《大公报》的时事要闻。主妇时而添茶续水,时而静坐桌旁巧工女红。如有二三戚友来家做客,书报自会抛在一边,拱拳以迎,呼爷呼兄。妇人道过万福退进屋内,主与客寒暄落座后,只要有人起个话题,侃天侃地、大塔旗杆,侃得无边无沿。聊兴大发时,"李金鳌在上海闯了什么大祸、高星桥的五百大洋怎样成就了华世奎的名望……。"都会成为聊侃的话题。茶汤淡了,主妇会端出一盘打成瓣儿的青萝卜,放下后,提走茶壶添茶续水。亲友们边聊边吃萝卜,老天津人吃青萝卜连皮一起吃,人们深信萝卜皮更有消食的功效。(接下篇)

画说津沽方言
《三合院儿里说东西》

树明写

【三合院儿里说东西】sān hé yuànr lǐ shuō dōng xī（二）

（接上篇）主妇提壶送水，并为客人碗中添茶。有人一句"萝卜就热茶，气得大夫满街爬"的戏谑之语，在笑声中算作对主妇殷勤待客的道谢。天津人诙谐幽默，这也是天津人的语言性格。屋内的陈设也很有讲究；正房中厅的北墙上悬挂着中堂和对联组成的一套挑山；挑山下，沿墙摆放一张几案，几案上摆放掸瓶和帽镜。到了近代，条案正中摆放座钟，两边有帽镜、帽筒和掸瓶，以及如意、柿形盒器之类。这些摆件在天津的民俗中都有吉祥喻意。比如：钟、镜、瓶，喻意"忠敬平安"。又如：两只柿子形状的盒器，谐音事事和气，配上"如意"即为事事如意。条案下一只八仙桌，桌面三分之一含在案下，桌上两侧各有一把太师椅。以背靠条案为方位，左为上座或称主位。主与宾，各有上下座位的规矩，不可随性而坐。国人对左右方位很有讲究，在旧时，称私塾先生为"西席"，是因将先生请到家里授课，如同请来宾客，宾位在西，故称西席。老年间，家中的陈设是宅院风水的一部分，既要趋吉避凶又要合乎礼制，不可乱了规矩。如上之说虽是一地一域的旧风旧俗，但是天津人坚信这三合院的"三合"一定是天时、地利、人和，而且左右东西都有避祸求福的礼数规矩。

【花馍糖色】 huā mó táng shǎi

以天津话的懒舌音(齿音字)读作"花馍糖塞","塞"读三声，"馍"读轻声。以音行文，多写成"花么搪塞"或"花模搪塞"。据口述史传，"花馍糖色(shǎi)"的成语，约在明朝晋人移民至津以后形成。是由晋人制作的"花馍"式样与"花里胡哨"物词并意而成的津话俗语，用以形容巧言令色、华而不实的言行。

"花馍"本是山西人的一种花式面食，已有千年之久。式样繁多，约有百余种。如十二生肖、鱼龙花鸟、各种鲜果、塔状花糕，一切吉祥之物都可在"花馍"中得以表现。在旧时，凡逢岁时节令，晋人要蒸制各种花馍花糕。例如春节时，在蒸制的花馍中要有春燕的式样，以示春回大地、万物复苏；清明祭祖时，要蒸制盘龙狮虎，以之消灾祈福；娶妻嫁女时，要蒸龙凤呈祥与塔状花糕，寓意夫妻好合、步步登高；长辈做寿要蒸面蝠面桃，寓意福寿康宁。

制作花馍工序繁复，尤其制作艳丽的"面花"，为防开裂要在面中加入糖水和蜂蜜，天津人称这甜味的颜色为"糖色(shǎi)"。花馍不仅式样繁多，而最具亮眼之处在于色彩，鲜红翠绿、淡粉明黄，极富观赏性。如此民间艺术之花馍，在市民看来，外表虽然悦目，但其口感无非馒头枣卷而已。所以，天津人以花馍的缤纷色彩来比喻花言巧语之人，形容说话办事花里胡哨、浮华而不实在的陋劣品行，称之为"花馍糖色(shǎi)"。

画说津派方言
《花馍糖色》柳明写

福

老黄卖卤鸡

【老黄卖卤鸡】lǎo huáng mài lǔ jī

　　天津解放前后,当年的罗斯福路(现和平路)到金汤桥一带,流行着一句被现在人早已忘却的俏皮话:"老黄卖卤鸡——不紧不慢。"形容慢性子人遇事不懂得着急。

　　老黄是位三十多岁略带山东口音的汉子,中等身材,古铜色的面庞闪着亮光,遇到熟人总是笑呵呵的,看着十分憨厚。每到晚饭时刻,老黄挎着一只装满卤鸡的提盒,从百货大楼沿着罗斯福路到东马路水阁大街、金汤桥附近,一路沿街叫卖,吆喝声并不像其他小买卖人那么频繁,而是要走很长一段路才拉着长音简单地吆喝一声:"卖卤鸡。"有人说,老黄有点儿慢性子,走路总是不紧不慢,步伐均匀,而且爱走直线。沿街叫卖着走到金汤桥,又按原路返回到百货大楼,有时买卖不好时也串胡同叫卖,仍然是不紧不慢地走路、不紧不慢地吆喝。老黄熟客很多,但谁也不知道他到底住在哪里。

　　旧时代,在天津谋生比较容易,有手艺的耍手艺,没手艺的卖力气,只要肯干,总能找到饭辙。所以,温饱无忧的人夜生活也随之丰富起来。晚饭之后,听书看戏,推牌九、打麻将,成了一般市民和官府人家的业余生活。(接下篇)

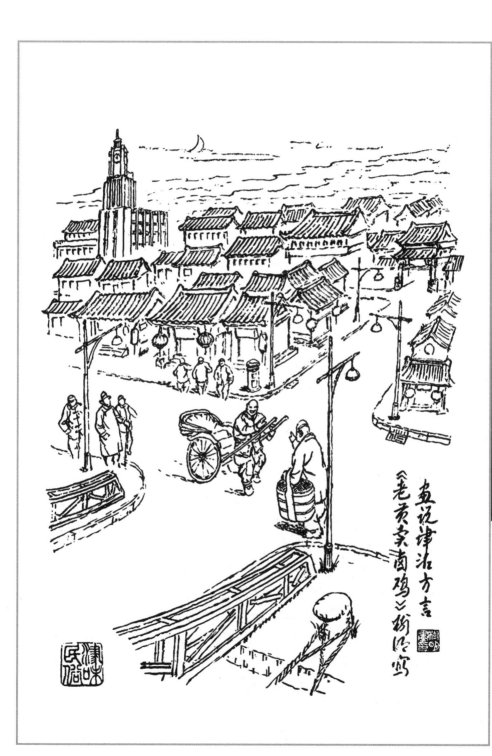

画说津沽方言

《老黄卖卤鸡》杨克写

【老黄卖卤鸡】lǎo huáng mài lǔ jī（二）

（接上篇）尤其是那些当官的,晚饭后,或是听戏或打茶围,之后回家还要打上几锅儿麻将,八圈牌干到十二点多钟,肚子有些饿了,这时老黄的吆喝声正好从远处传来,赢钱的主动请客,买一只又肥又大的卤鸡,几人再喝上一两杯小酒儿,很是享受。

老黄慢慢熟悉了哪里是民宅,哪里是官宅,每当路过官宅,老黄伺候的更是周到,不但把卤鸡送进去,有时犯起赌瘾,主动要求和几位穿军装、穿官衣的打上一锅儿麻将,不过老黄从没赢过钱,时常把一路卖卤鸡的钱输得净光。老黄牌风极好,打得规矩、输得潇洒,所以官面儿人都喜欢和他打牌唠嗑。老黄担心时局不稳,时常向老总们打听:"这局势不知怎样,如果一开战,我这卤鸡还卖得成吗?"牌友们偶尔向他透露一些哪里又加强了防御工事、哪里又增援了兵力,总是用"固若金汤"来安慰老黄放心。有时平民的宅院里连续几天听不到老黄的吆喝声,但老黄每天都会在官宅经过,无论里边人买与不买,都会在外面多吆喝几声。有人说老黄势利眼,见到当官的或者官太太们,总想和人家套近乎。也有人说:老黄不务正业,挣点儿钱都输给当官儿的了。（接下篇）

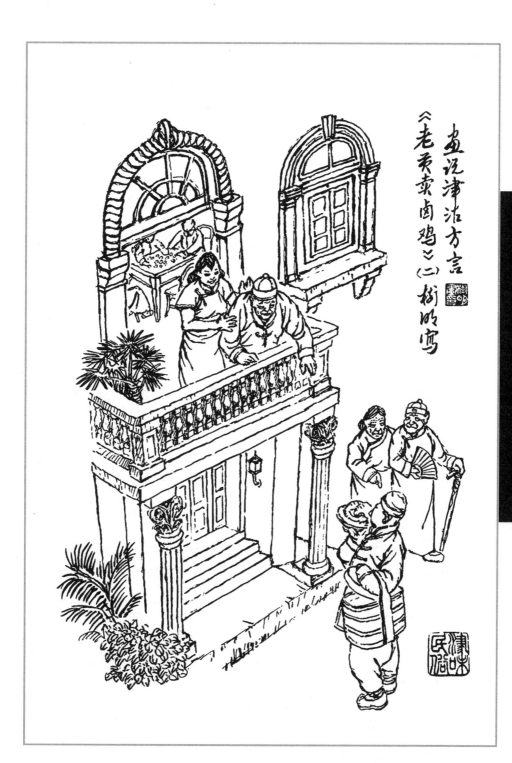

画说津沽方言
《老黄卖卤鸡》(二)
柳明写

【老黄卖卤鸡】lǎo huáng mài lǔ jī（三）

（接上篇）无论人们怎么猜测，老黄就是喜欢和当官儿的聊天，而且和他们混得挺熟。那些人爱吃他的卤鸡、爱赢他的钱，也爱和他聊天。

后来有一些仇官仇富的人看不起老黄了，再说那句"老黄卖卤鸡——不紧不慢"的俏皮话时，多是带着不屑和鄙夷。

时间到了 1948 年的秋天，老黄不再吆喝着卖卤鸡了，挎着提盒只为穿军装的人送货上门，俨然成了他们的专职买办。之后，那些与老黄熟悉的市民再也没有见过他，只是那句形容慢性子的俏皮话，还时常说起。

1949 年 1 月 14 日，天津城大炮震天作响，一颗颗炮弹贴着百货大楼准确地打到斜对面的国民党守城司令部，将司令部炸成了一片废墟。解放军兵分两路，一路从东局子方向向里打，一路从西营门外向里打，最终在金汤桥会师，天津解放。

第二天下午，一支威武的解放军队伍从东马路经过，走在最前面的是一位身穿棉军装、斜挎盒子枪的军官，被老百姓一下子认了出来，原来是卖卤鸡的老黄，熟悉他的人无不为之惊讶，更是惊喜万分，谁能想到一个迈着方字步的慢性子，此时却是一位步伐矫健、腿下生风的解放军干部。（接下篇）

画说津沽方言
《老黄卖卤鸡》(三)

【老黄卖卤鸡】lǎo huáng mài lǔ jī（四）

（接上篇）老黄向路边的熟人打着招呼，一位熟客从人群中跑出来，追到队伍前面，冲着老黄竖起大拇指："你可是真人不露相啊！"这位熟客目送着队伍前去，忽然又想起了什么，冲着老黄大声喊道："老黄！欠你的卤鸡钱，还用还账吗？"老黄笑着答道："不用啦，算我请客啦。"马路边认出老黄的人们一起哈哈大笑起来，笑得是那么真诚、那么幸福……

20世纪50年代初期，"三不管儿"的说书艺人，把老黄卖卤鸡的段子说得活灵活现，说老黄步伐均匀地从百货大楼向北走，是在暗自搞测绘，不然炮弹怎会准确炸掉国军守城司令部？而且百货大楼毫发无损。还说老黄结交官员是为了打探军政情报，经常和地下党接头。那时天津界内，陈长捷修建了1000多个明碉暗堡，老黄要摸清所在位置，所以老黄也有不卖卤鸡的时候。说书艺人甚至还演绎出了一位漂亮的姨太太恋上了老黄，并且以身相许，还要与他日后私奔。熟悉老黄的人听说过段子后，笑着说道："老黄长得可不俊，再说了，一位吃过见过、娇生惯养的姨太太怎会恋上一个东征西战的八路军呢？这显然是杜撰的，不可信。"但听书的人们愿意相信这一切都是真实的，这种美人儿配英雄的结局才是听书人的愿望……

【小儿书】xiǎo ér shū

　　天津人说的"小儿书",即儿童读物连环画,也叫"小人儿书"。称"小人儿书"一定要用儿化音,而不能说成"小人书",因"小人"一词属固定含义的常用名词,不加儿化音的"小人"极易感受为与"君子"对应的"小人"。

　　在古文中,虽有将儿童称为"小人"的例子,亦是因古人在以脱离口语而形成书面语体的时候尚未"发明"书面语的儿化音,例如"唯女子与小人难养也",其"小人"即"小孩儿",口语则称"小人儿"。所以,只有在古文的特定语境中,"小人"才与"孩童"同义。但此类词汇都是因为古文体中没有儿化音所造成,在推广"白话文"之后,"小人"作"儿童"使用时必加儿化音,称"小人儿",以之区别与君子对应的"小人"。

　　儿化音虽是口语表达,但在白话文中亦起到了还原书面语本义的重要作用。在"大中原"的很多地区至今仍然保留着古语发音的词汇,将"孩童"称为"小人儿"即是其中之一。

　　在天津话中,儿化音的词汇多如牛毛,凡表示小巧、精致、俏皮、与"大"相对应的事和物,一般都加儿化音。与16开本的大图书相比,48开、64开的"小人儿书"自然显得精致小巧,其读者又多是小孩儿,所以将连环画称为"小人儿书"或"小儿书",而非"小人书"。

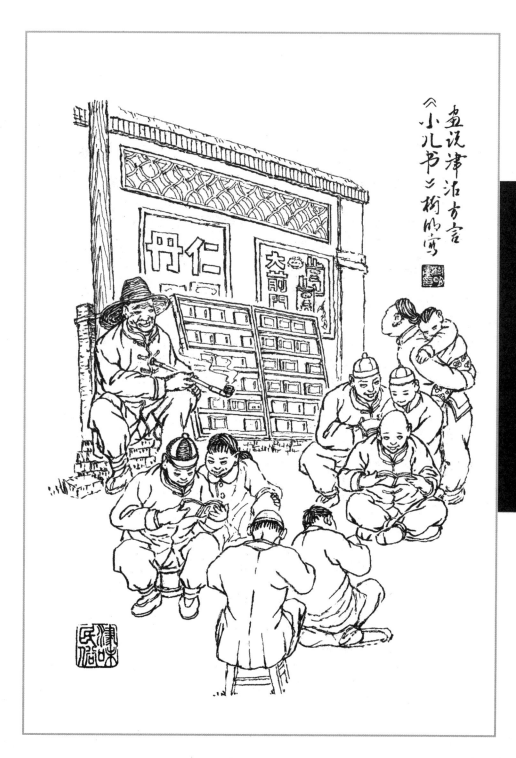

画说津沽方言
《小儿书》树明写

【懩窝子】指怕见生人的小孩子。

语例:"你这孩子就是懩窝子,和妹妹玩儿去。"

【逗闷子】开玩笑。

语例:"现在是关键时刻,别跟我逗闷子。"

画说津沽方言
《寡净》树明写

根抱石

【寡净】漂亮。

语例:"王师傅的活儿出来就是寡净。"

画说津沽方言
《拔闯》树明写

【拔闯】打抱不平。

语例:"张大哥总爱为受欺负的人拔闯。"

喝
破
烂
儿

鼓
捣

天津衛方言
《喝破烂儿》构明鸾

天津衛方言
《鼓捣》构明鸾

【喝破烂儿】收废品的。

语例:"喝破烂儿的来了,把破铁锅卖给他。"

【鼓捣】收拾,装修。

语例:"这破匣子还真让他鼓捣响了。"

【琢磨】分析，拿不定主意。
　　语例："别瞎琢磨了，就这块砚台好。"

【护犊子】祖护自己的孩子。
　　语例："你儿子打了人，你还护犊子。"

怠搭不理　奋蚯

【怠搭不理】对人不敬。

语例:"人家和她打招呼,她总是怠搭不理的。"

【奋蚯】挤动。

语例:"本来地方就小,你就别奋蚯了。"

【搭罐儿】开除，请走。

语例："怎么没上班，让人搭罐儿了吧。"

【摧送】婚前过嫁妆。

语例："嚯！二哥娶的媳妇摧送够多的。"

攒局儿 唬人

【攒局儿】组织小聚会。

　语例:"老王你攒局儿,大伙一块儿喝喝。"

【唬人】欺骗,吓唬。

　语例:"这帮小子又拿着假货唬人去了。"

【脚儿行】卖苦力的组织。

语例:"码头上的脚儿行伙计们又罢工了。"

【切锅儿】从中牟利。

语例:"张老板买的玉白菜又让人切锅儿了。"

吃白食　胡吃海塞

【吃白食】白吃不花钱。

语例："掌柜的,这帮吃白食的又来了。"

【胡吃海塞】没有节制地乱吃。

语例："三少爷有了银子就到处胡吃海塞。"

【将将嘎嘎】不大不小,不多不少。

　　语例:"这块布料裁两条裤子将将嘎嘎。"

【扯子】行为不稳重,活泼过度。

　　语例:"这俩扯子,喝点酒就浪成这样。"

堆乎　倒腾

【堆乎】瘫痪在那里。

　　语例："听说儿子战死了,她就堆乎了。"

【倒腾】翻动,挪拉。

　　语例："一上午了,你在家倒腾嘛?"

【糟践】糟蹋浪费。

语例："糟践粮食就是犯罪啊。"

【梼衣服】洗衣服。

语例："妈,又梼衣服,让我来梼。"

翻呲

鞋趿拉儿

《翻呲》树明写
画说津沽方言

【翻呲】发火,恼怒。
语例:"我们跟他逗着玩儿,他还真翻呲了。"

玉清池

贵重物品
交柜保存

《鞋趿拉儿》树明写
画说津沽方言

【鞋趿拉儿】拖鞋。
语例:"澡堂子里的鞋趿拉,没对儿。"

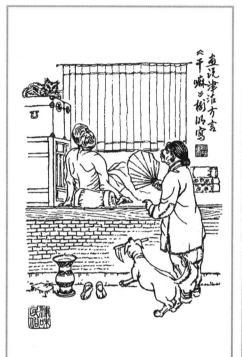

【角勃】争执,斗嘴。

语例:"二大爷和张伯一下棋就角勃,可这老哥俩还总在一块玩儿。"

【干嘛】干什么。

语例:"干嘛?""你说干嘛?都几点了还不下地?"

捯饬　虫子

【捯饬】打扮，梳妆。

语例："二嫂子这一捯饬，就又要回娘家了。"

【虫子】熟悉某种行业的人。

语例："买古董找张老呀，他是这方面的虫子。"

【没溜儿】做事和年龄、身份不符。

语例："你这人真没溜儿，多大了还欺负孩子？"

【欻忽】组织能力强。

语例："三姐真能欻忽，几天大赛就办成了。"

【打奔儿】语言表达受到障碍。

　　语例:"每次提问你都打奔儿,回家多看书。"

【蛤蟆秧子】蝌蚪。

　　语例:"蛤蟆秧子长大了就变成青蛙了。"

【泱该】祈求。

语例："你泱该我也没有用，到时候准给你。"

【说三】以为有了说大话或炫耀的依据。

语例："不就钓了条大鱼吗？到处说三。"

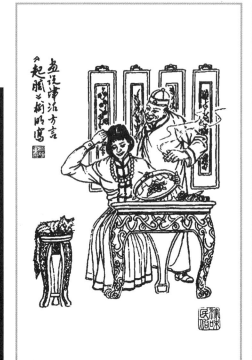

【起腻】腻烦，纠缠。

　　语例："二表哥都结婚了还总到三妹屋起腻。"

【小儿书】连环画。

　　语例："小儿书摊是我们童年的回忆。"

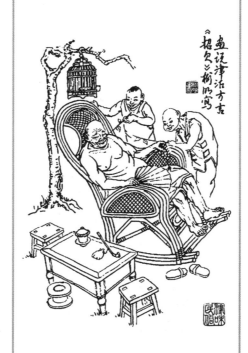

【招欠】无事生非。

　　语例："拿你爷爷找乐，太招
欠了。"

后　记

　　还原历史,追忆民俗;记述方言,由画达意。《画说津沽方言》收录的方言俚语,俗称"大白话儿"。但其白而不浅,简而意深,声调带着一股码头味儿。所谓的码头味儿,不是扛大个儿的骂骂咧咧,不是混混儿的黑话,也不是艺人吊侃儿,更不是"数骚嘴"的脏口儿,而是岸上人与船家的对话,是 600 年来造就的一方水土。京畿重地,水旱码头,车轮滚滚,漕运千帆,迎来送往南北过客,养成了天津人的豪爽与好客的性格。说话大嗓门儿,喜欢直截了当,但又不失亲和与幽默,腻味说话拐弯儿抹角儿假装斯文。在天津人看来,老爷们儿说话绵声细语并非文雅,而是缺乏阳刚之气的鬼鬼祟祟。天津人佩服说话办事儿讲板槽儿、撂地砸坑儿的汉子,讨厌那些云山雾罩的片儿汤话和满嘴的跑火车。天津人说话带着侠气,熟人见面"张爷、李爷、王爷"地招呼,回敬的是一串儿的爷爷爷爷爷!

　　《画说津沽方言》以"画"配"说",诠释了天津人的开朗厚道和独特的语言风格。该书历时三年,数易其稿。其间,我与王树明先生经过磨合探讨,并由天津市档案馆(地方志办公室)年鉴指导部召集文史专家、学者座谈论证,终成此书。值此付梓出版之际,谨向专家、学者及为此书付出辛勤劳动的全体工作者,致以崇高的敬意。此书尚有不足之处,敬请广大读者予以斧正,以利再版校勘。

李子健　2020 年 6 月写于天津